刺し子 の ふきん

❖ 決 定 版 ❖

刺し子は、防寒や布の補強を目的として生まれた手仕事。

この本では、手軽に作れて暮らしが楽しくなる
刺し子のふきんを紹介しています。
時代を超えて愛される伝統模様33種類と
素敵なイラストの北欧模様17種類。
全50図案を厳選した決定版です。

忙しい毎日の中で、
5分でも10分でも針を持つ時間があると
心が落ち着いてリフレッシュできますよ。

完成したらどんどん使ってくださいね。

目 次

麻の葉（あさ　は）

昔から伝わるたくさんの幾何学模様を刺しました。18〜21ページは、一定の針目で一方向に刺していく〝一目刺し〟です。

時代を超えて親しまれている、刺し子の代表的な模様。
植物の麻の葉は、丈夫ですくすくと育つので、子供の衣類にもよく使われるモチーフ。
製作✿元吉多見

a

b

七宝つなぎ

平和や円満をあらわす円を重ねた、縁起の良い七宝つなぎ。

糸の色数で、印象が変わります。

製作❀近藤胡子

青海波
（せいがいは）

平穏な暮らしが、波のようにいつまでも続くという意味が込められています。
ブルーのミックス糸で、穏やかな波らしさを出して。
製作❀生越廣子

角亀甲
（つのきっこう）

亀の甲羅のような六角形の各辺に、ひと針だけ加えた「つの」がかわいらしい。
ピンクのさらしに赤い糸で、愛らしく仕上げました。

製作❀元吉多見

十字つなぎ
<ruby>十<rt>じゅう</rt></ruby><ruby>字<rt>じ</rt></ruby>つなぎ

十字をつないだ模様は、角を意識すると完成度が上がります。
ベージュのさらしに、ニュアンスのある青い糸がおしゃれ。
製作❀中﨑ちよ子

朝顔
（あさがお）

ジグザグのラインで、夏の風物詩、朝顔に見立てました。
ぼかし糸で刺すと、同じ模様でも変化がついて表情が出ます。
製作❀平野久代

紗綾形(さやがた)

卍（まんじ）を斜めにくずしてつなげた、古くから伝わる紗綾形。
一筆書きで続けて刺せるので、意外とスイスイ進みます。

製作❀小林せきよ

籠目 <small>(かごめ)</small>

竹かごの網の目から生まれた模様。
3本の直線を刺せばいいので、初めての方におすすめです。
水色、青、黄色で元気に。
製作 ❀ 中﨑ちよ子

網文<ruby>あ<rt>あ</rt></ruby>もん

細かい曲線が美しい、漁の網の目の模様。
お弁当包みにすれば、お昼ごはんが待ち遠しくなります。
製作❀陶 久子

菱青海波
（ひし せい がい は）

海の波を菱形で表現した模様。
波らしさが出るように、ブルー系の布と糸を使いました。
製作❀高林美千代

四角形を重ね、その角を縦線と横線で結んだ比翼井桁。
ランチョンマットのように使っても。

製作❀生越廣子

花刺し
（はなざ）

一面に曲線の花が咲いた花刺し。
ミックス糸を使うと、色の変化が極立ち華やかになります。
製作 ❀ 池上トモ

矢_や羽_ば根_ね

矢の模様は、縦を刺してから、横のジグザグラインを刺します。
オレンジ色と濃いピンクを使ったのが新鮮。

製作❀石井礼子

結び亀甲
むすびきっこう

三角形と六角形が組み合わさった動きのある模様。
茶色い布にカラフルなミックス糸が映えています。
製作 ❀ 近藤胡子

変わり花十字（かわりはなじゅうじ）

十字と四角を、斜めのラインが結ぶ変わり花十字。
裏側は、とびきりかわいい花模様になります。
製作 ❀ 吉田久美子

縦、横、斜めに刺す十字花刺しは、花畑のようにオレンジ色で。
かごバッグにさっとかけて、おしゃれなカバーに。
製作❀ 高林美千代

籠目（かごめ）の一目刺し

11ページの籠目を一目刺しにした、密な模様。
しっかりと厚みが出るので、マットとしても使えます。
製作❀吉田久美子

柿（かき）の花（はな）

横を全て刺してから、刺した横の糸をガイドに縦を刺します。
糸を引くたび、次々に模様ができるのがたまりません。

製作 ✿ 関戸裕美

重ね枡刺し
（かさ）（ます）（ざ）

枡を重ねた模様は、緑色と水色ですっきりとまとめました。
ちょこんとお菓子をのせて、ペーパーナプキンのように使っても。
製作❀池上トモ

千鳥つなぎ

たくさんの鳥が飛んでいる千鳥つなぎは、黄色い糸でキュートに。
大きな花のようにも見える、楽しい模様です。
製作❀関戸裕美

分銅<ruby>分<rt>ふん</rt>銅<rt>どう</rt></ruby>つなぎ

重さを量るおもりの分銅を連ねた模様。
実は5ページの七宝つなぎの曲線の一部を刺せば完成します。
さわやかな色が水まわりにぴったり。

製作❀吉村冨美子

角七宝
かくしっぽう

5ページの七宝つなぎを直線にした角七宝。
濃いピンク色で、パキッとした仕上がりに。二重に刺した外枠がアクセントです。
製作❀日吉房枝

毘沙門亀甲
(び しゃ もん きっ こう)

六角形の亀甲を3つ合わせ、内側の線をなくした毘沙門亀甲。
水色のさらしに生成りの糸でシックに。
製作❀日吉房枝

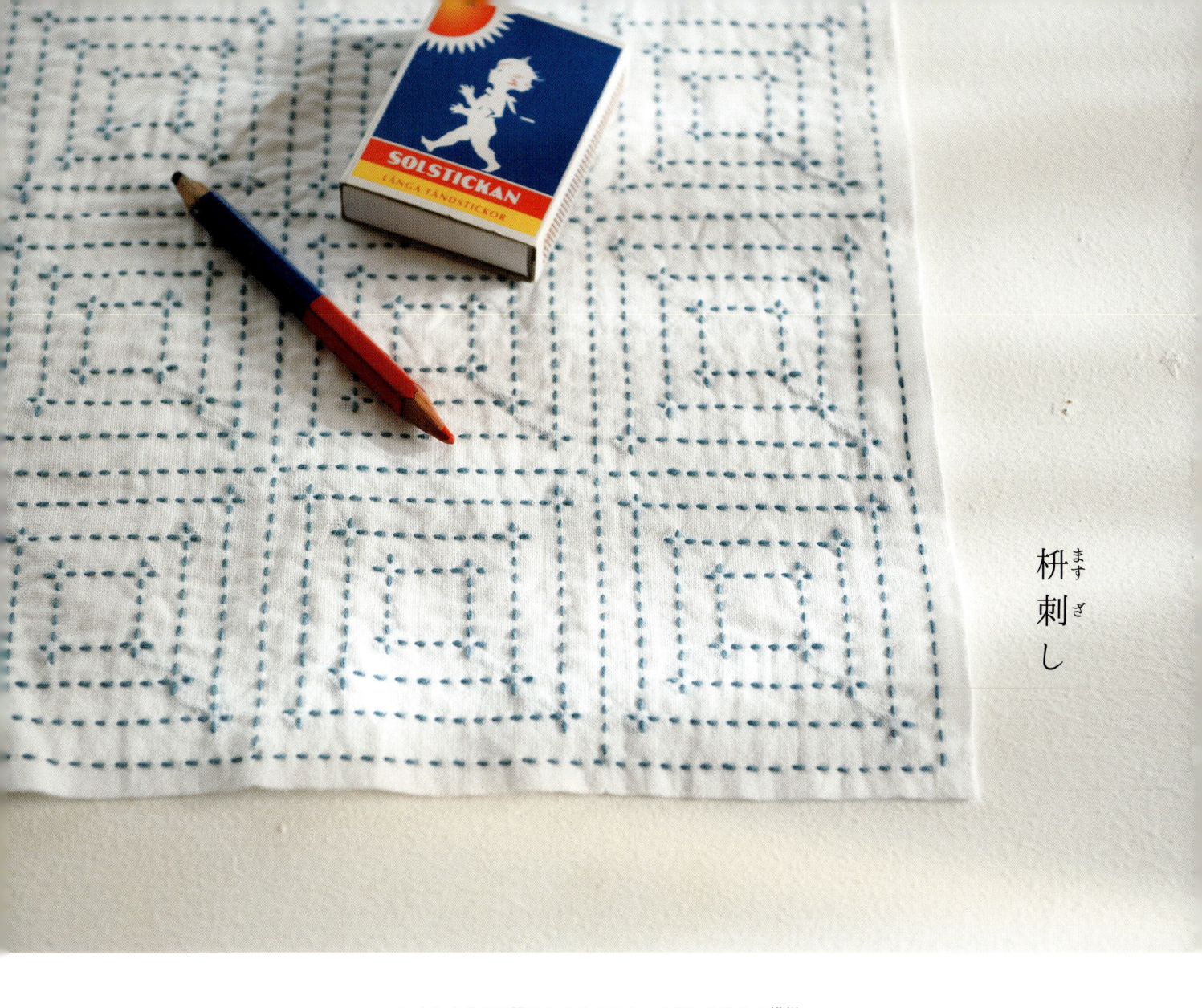

枡<small>ます</small>刺<small>ざ</small>し

ますます丈夫に働けますようにという願いを込めた模様。
白いさらしにブルーグレーの糸がモダンです。
製作 ❁ 吉村冨美子

<ruby>網<rt>あ</rt></ruby><ruby>代<rt>じろ</rt></ruby>

網代

<ruby>亀<rt>きっ</rt></ruby><ruby>甲<rt>こう</rt></ruby>

亀甲

網代は、竹や草などを薄く加工し、
交差させて編んだもの。
水まわりに置くと気分が上がります。
製作❀石井礼子

正六角形の幾何学模様。
形が亀の甲羅に似ていることから名づけられました。
角が丸くならないように刺しましょう。
製作❀吉村冨美子

香図
こうず

香道に端を発する香図は、縦横の線が美しいシンプルな模様です。
赤い布とグレーの糸の組み合わせがモダン。

製作 ❀ 近藤胡子

変わり十字つなぎ

十字をつないだ模様。さらしにイエローグリーンの糸でさわやかに仕上げました。
角をきちんと刺し、交差するところは針目を重ねないようにするときれいです。
製作 ✿ 石突七恵

六角つみ木

つみ木のように六角形を重ねた模様。
さらしに、かわいらしいアプリコットの糸が映えています。
製作❀関戸裕美

<ruby>二<rt>に</rt></ruby><ruby>重<rt>じゅう</rt></ruby><ruby>鳥<rt>とり</rt></ruby><ruby>襷<rt>だすき</rt></ruby>

二重鳥襷

連続した半円が二重に交差する二重鳥襷。
スカイブルーとレモンイエローの糸がキッチンを明るくしてくれます。
製作 ❀ 平野久代

向かい亀甲

<ruby>向<rt>む</rt></ruby>かい<ruby>亀<rt>きっ</rt>甲<rt>こう</rt></ruby>

ラベンダーの布と糸の組み合わせで大人っぽく。
ガラスの入れ物にさっとかければ。素敵なカバーに。
製作 ❀ 中﨑ちよ子

変わり矢羽根

矢羽根模様はいろいろありますが、このデザインは細かい斜線が特徴。
一筆書きで意外と長く刺せます。
製作❀陶 久子

丸毘沙門
（まるびしゃもん）

糸をさらしの間に渡しながら、円を描く模様。
カーブは布を伸ばしすぎないように刺してください。

製作 ❀ 鎌田京子

刺し子と相性のよい、北欧風のイラスト模様です。刺す順番に決まりはないため、お好みで。

クロス

クロスと縦横の線の幾何学模様。
生成の布にブラックの糸でキリッと引き締めています。
製作❀鎌田京子

家

2種類の家が並んだ、刺すのが楽しいデザインです。
ピンクの布にビビッドなスカーレットの糸がハッとする組み合わせ。

製作❀石突七恵

- - - - -

なみ　　　　　　　　　ちょうちょ

二重の波形を2色で刺すと、リズムが出てにぎやかに。
曲線は、長く刺しすぎないようにご注意を。
製作 ❀ 元吉多見

ピンクとパープルのちょうちょが、ひらひらと舞っています。
外枠のライトブルーは青空をイメージしました。
製作 ❀ 中崎ちよ子

わたの花

綿の実がはじけて綿花が咲いた様子を幾何学模様に。
藍色の布にオフホワイトの糸ですっきりまとめて。

製作❀近藤胡子

森

一面に木が並んで、まさに森の中のよう。
角の多い模様なので、シャープに刺すことを心がけて。
製作❀平野久代

とり

2色の青い鳥が西に向かって飛んでいます。
絵のように、壁に飾っても素敵です。
製作❀生越廣子

クローバー

刺す分量は少なめですが、インパクトのある模様。
鮮やかなビリジアングリーンが効いています。
製作❀中﨑ちよ子

ダーラナホース

北欧といえばダーラナホース。
スカイブルーと黄色の北欧カラーで刺しました。
製作❀池上トモ

しずく

大人っぽい印象になるよう、生成りの布に水色の糸を合わせました。
ひとつだけレモンイエローの糸で刺したのがポイント。

製作❀近藤胡子

野 花

オレンジ色の糸がキュートな3種類の花。
刺しごたえがありますが、かわいいのでどんどん刺したくなるはずです。

製作 ❀ 吉村冨美子

パン

クロワッサンにコロネ、プレッツェルとおいしそうなパン。
茶色の布にオフホワイトの糸の組み合わせは、ラインがきれいに出ます。
製作❀陶 久子

やさい

ミニトマト、にんじん、なすなどランダムに配置された野菜たち。
料理するのが楽しくなるふきんです。

製作❀関戸裕美

レモン

レモンの形とカットした面がキュート。
浅葱色の布にレモンイエローの糸がさわやかです。
製作❀高林美千代

りんご

こちらはりんごの形と芯が見えるカット面。
スカーレットの糸がかわいらしさを引き立てます。
製作✿髙林美千代

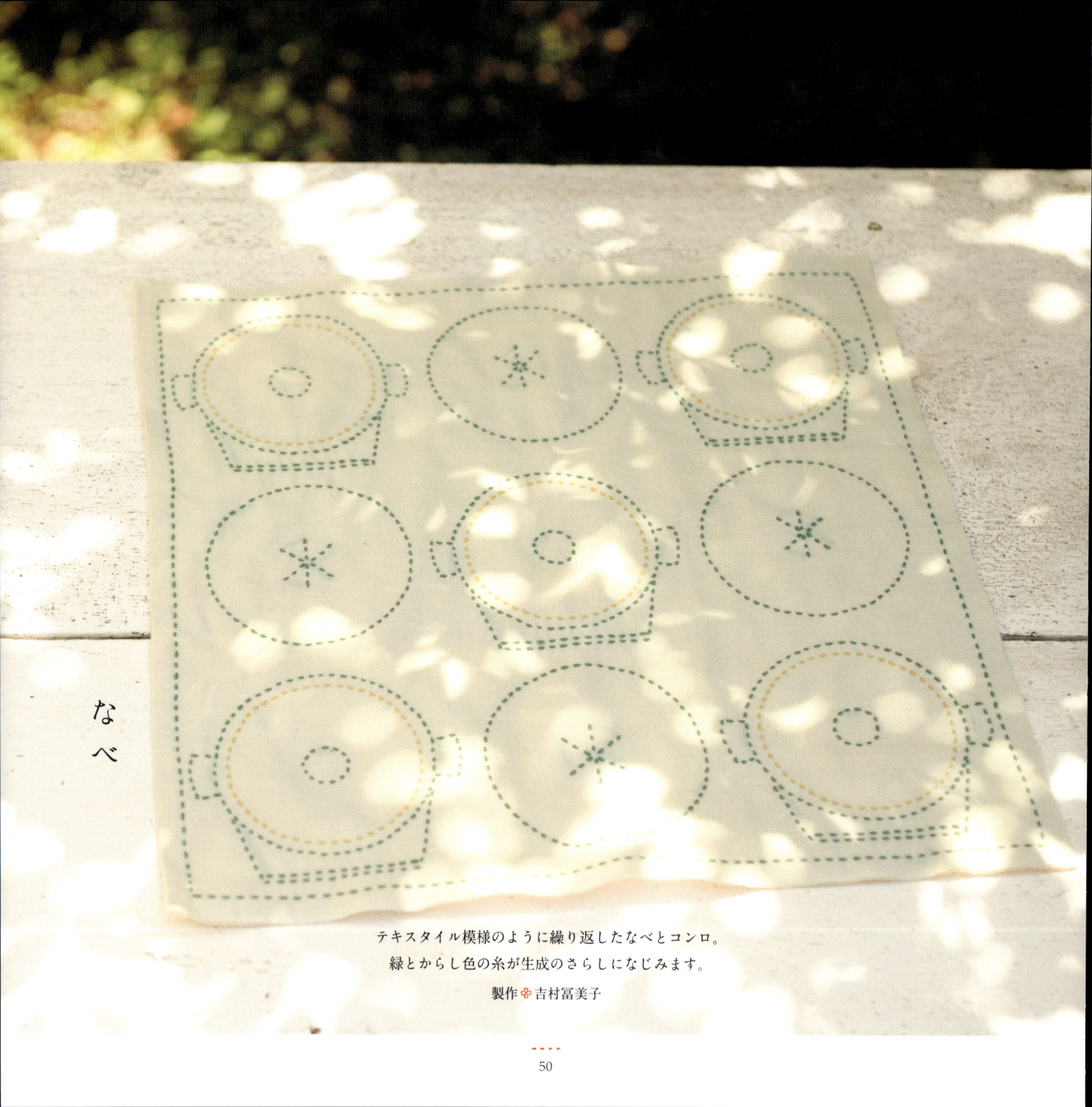

なべ

テキスタイル模様のように繰り返したなべとコンロ。
緑とからし色の糸が生成のさらしになじみます。
製作❁吉村冨美子

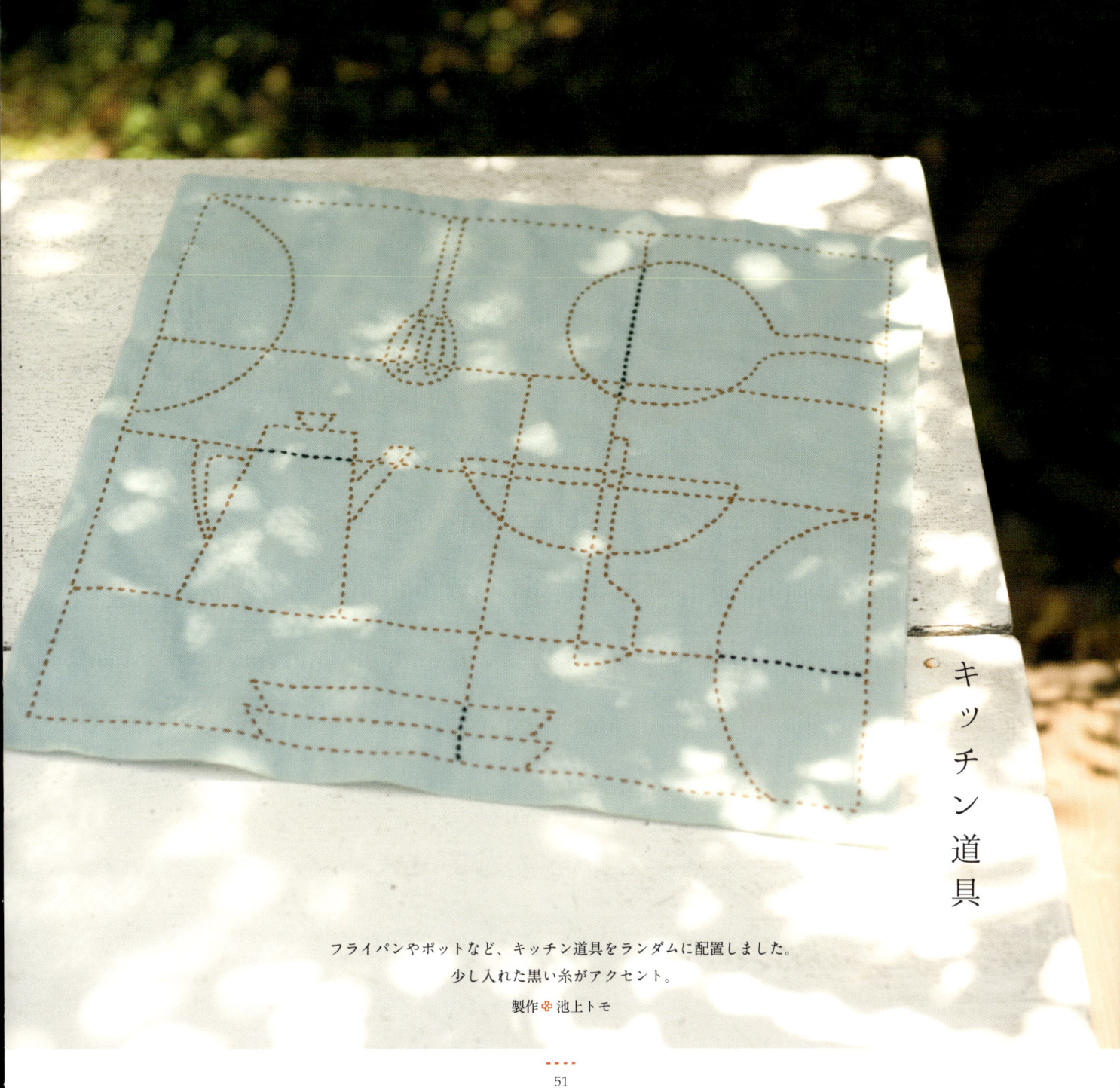

キッチン道具

フライパンやポットなど、キッチン道具をランダムに配置しました。
少し入れた黒い糸がアクセント。
製作❀池上トモ

リネンや柄布に刺すと、また違った印象で素敵です。

図案のサイズを変えればOK。

さらしのふきん以外のアイテムにも刺し子をしてみたくなったら、

巾着

ギンガムチェックを利用して、十字つなぎを。
グレーの布に黒い糸でキリッと引き締めました。

製作❀吉田久美子

パスケース

白いリネンに朱赤の十字花刺しで、うんとかわいく。
毎日使うカードや名刺入れに便利です。

製作❀生越廣子

〈作品と図案のサイズ〉
巾着　約縦 19.5 ×横 15 ㎝　ギンガムチェックの 1 マス：約 0.7 ㎝
パスケース（閉じた状態）　約縦 7.5 ×横 10.5 ㎝　一目の長さ：約 0.5 ㎝
ブックカバー（閉じた状態）　約縦 15.5 ×横 11.5 ㎝　一辺の長さ：約 1.5 ㎝
がま口（7 ㎝幅×高さ 5.5 ㎝の口金を含まないサイズ）　約縦 7.5 ×横 9 ㎝　外側の一辺約 3.5 ㎝

ブックカバー

一辺約 1.5 ㎝の小さい角亀甲を帯状に配置。
リネンと真っ白な糸の組み合わせでナチュラルに。
製作❀日吉房枝

がま口

ミニサイズのがま口には、回転させた枡刺しをひとつ。
紺色のリネンに黄色い糸が効いています。
製作❀吉田久美子

作品一覧

この本に登場した作品の全体写真と材料を紹介します。

図案のサイズや縫い代（約1cm）の位置を表示していますが、同じさらしを購入しても、サイズが多少違うことがあります。

さらしの寸法に合わせて、縫い代の長さや外枠四辺の縫い位置を変更したり、図案を縮小・拡大してお使いください。

裏側にもきれいな模様が出る作品は、裏側の写真も載せています。

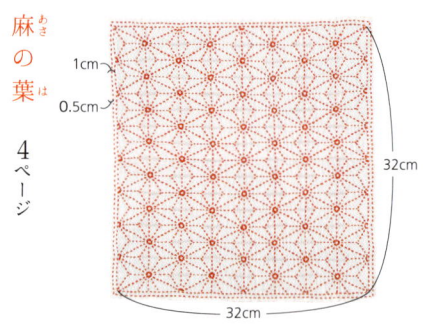

麻の葉（あさのは）
4ページ
1cm
0.5cm
32cm
32cm

布：オリムパス さらしもめん H-1000
糸：オリムパス 刺し子糸　赤（12）
実物大図案：81ページ

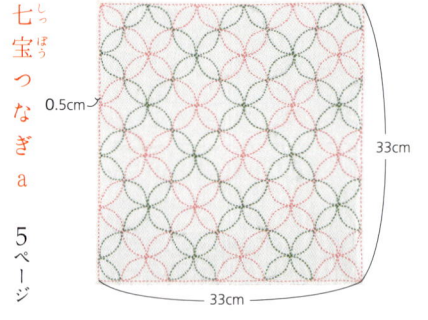

七宝つなぎ a（しっぽうつなぎ）
5ページ
0.5cm
33cm
33cm

布：オリムパス さらしもめん H-1000
糸：オリムパス 刺し子糸　緑（7）、ピンク（13）
実物大図案：82ページ

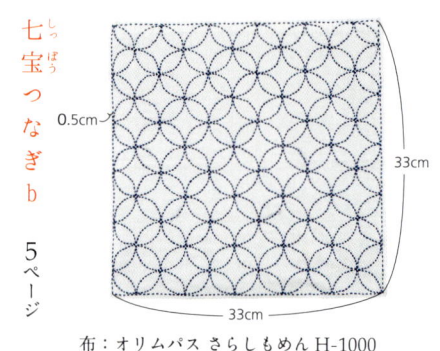

七宝つなぎ b（しっぽうつなぎ）
5ページ
0.5cm
33cm
33cm

布：オリムパス さらしもめん H-1000
糸：オリムパス 刺し子糸　濃い青（18）
実物大図案：82ページ

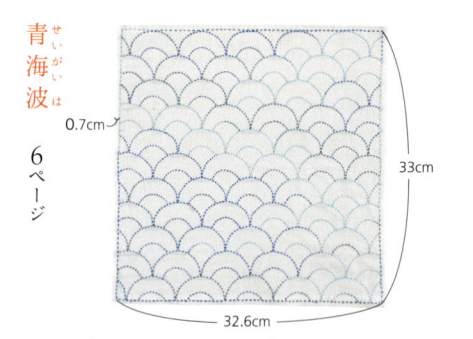

青海波（せいがいは）
6ページ
0.7cm
33cm
32.6cm

布：オリムパス さらしもめん H-1000
糸：オリムパス 刺し子糸　ブルー系ミックス（72）
実物大図案：83ページ

角亀甲（つのきっこう）
7ページ
0.8cm
32cm
31cm

布：オリムパス 刺し子もめん H-3000
渋ピンク
糸：オリムパス 刺し子糸　赤（12）
実物大図案：84ページ

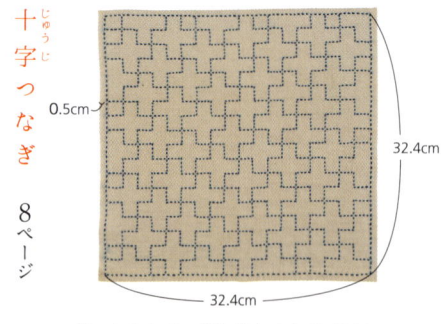

十字つなぎ（じゅうじつなぎ）
8ページ
0.5cm
32.4cm
32.4cm

布：オリムパス 刺し子もめん H-6000
生成
糸：オリムパス 刺し子糸　薄い青（10）
実物大図案：85ページ

朝顔
9ページ

1cm
32.5cm
32.5cm

布：オリムパス さらしもめん H-1000
糸：オリムパス 刺し子糸　ピンク系ボカシ（53）
実物大図案：86 ページ

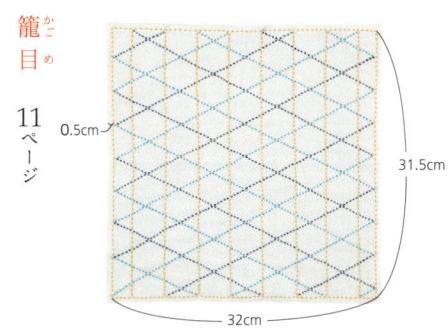

紗綾形
10ページ

0.5cm
32.5cm
33cm

布：オリムパス さらしもめん H-1000
糸：オリムパス 刺し子糸　紺（11）
1/2 縮小図案、実物大図案：88、89 ページ

籠目
11ページ

0.5cm
31.5cm
32cm

布：オリムパス さらしもめん H-1000
糸：オリムパス 刺し子糸　黄（16）、
ターコイズ（17）、濃い青（18）
実物大図案：87 ページ

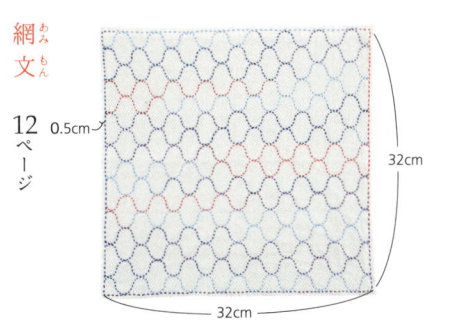

網文
12ページ

0.5cm
32cm
32cm

布：オリムパス さらしもめん H-1000
糸：オリムパス 刺し子糸　青・紫系ミックス（76）
実物大図案：90 ページ

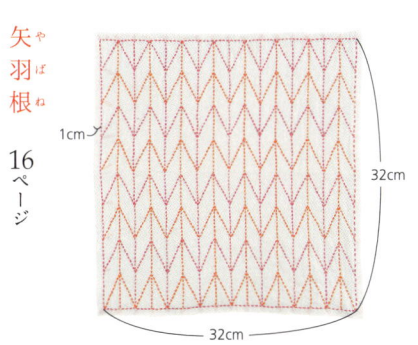

菱青海波
13ページ

0.5cm
32cm
32cm

布：オリムパス 刺し子もめん H-4000 浅葱
糸：オリムパス 刺し子糸　ターコイズ（17）
1/2 縮小図案：91 ページ

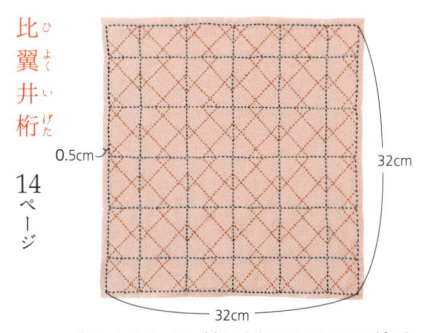

比翼井桁
14ページ

0.5cm
32cm
32cm

布：オリムパス 刺し子もめん H-3000 渋ピンク
糸：オリムパス 刺し子糸　茶色（3）、
ダークブルー（11）
1/2 縮小図案：92 ページ

花刺し
15ページ

0.5cm
33cm
33cm

布：オリムパス さらしもめん H-1000
糸：オリムパス 刺し子糸
赤・ピンク・黄色系ミックス（75）
1/2 縮小図案：93 ページ

矢羽根
16ページ

1cm
32cm
32cm

布：オリムパス さらしもめん H-1000
糸：オリムパス 刺し子糸　濃いピンク（21）、
オレンジ（22）
実物大図案：87 ページ

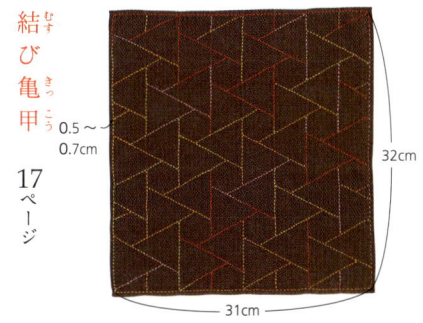

結び亀甲
17ページ

0.5～
0.7cm
32cm
31cm

布：オリムパス 刺し子もめん H-8500
糸：オリムパス 刺し子糸　赤・ピンク・
黄色系ミックス（75）
実物大図案：94 ページ

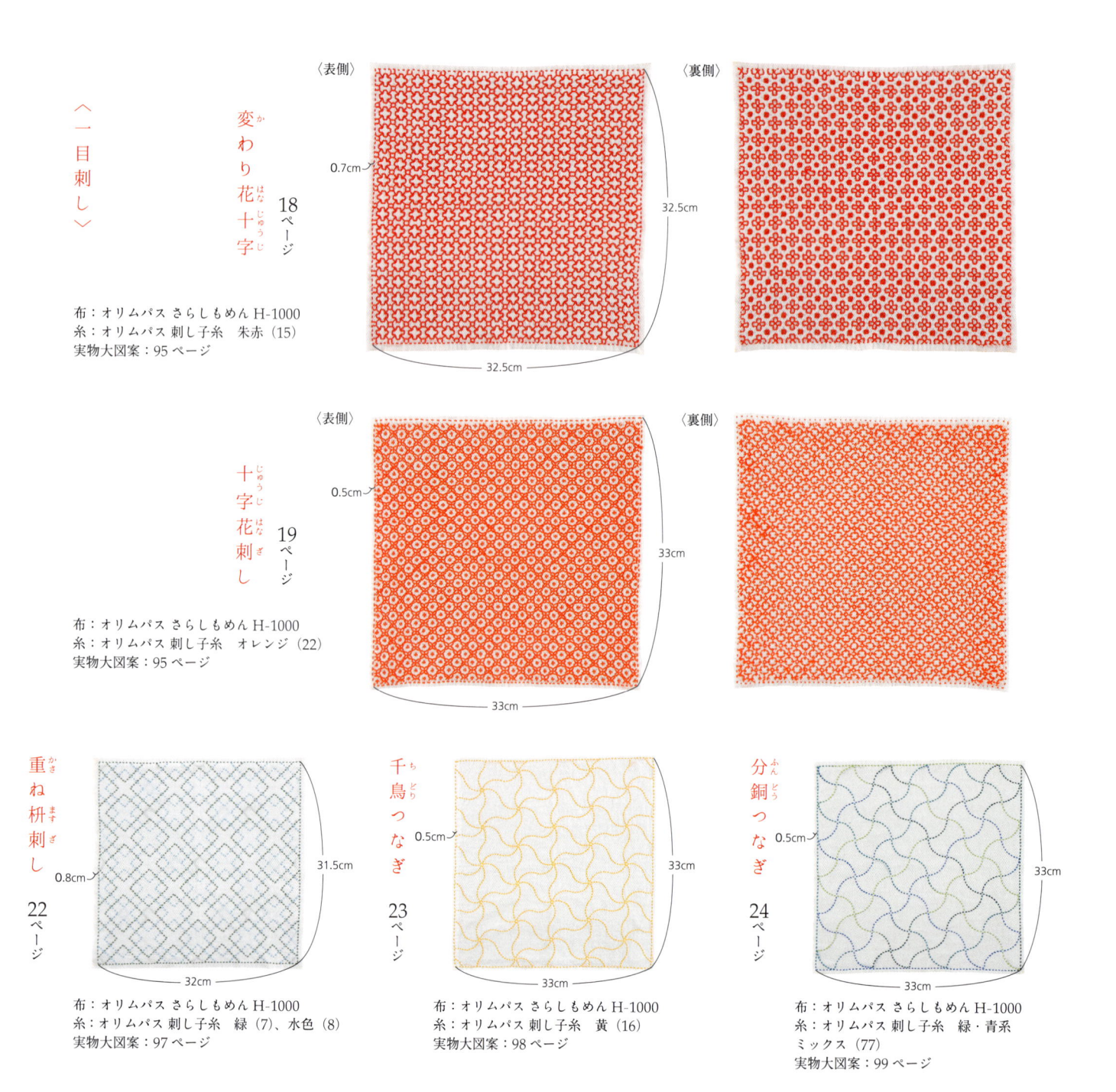

〈一目刺し〉

変わり花十字（かわりはなじゅうじ）
18ページ

〈表側〉　〈裏側〉

0.7cm
32.5cm
32.5cm

布：オリムパス さらしもめん H-1000
糸：オリムパス 刺し子糸　朱赤（15）
実物大図案：95ページ

十字花刺し（じゅうじはなざし）
19ページ

〈表側〉　〈裏側〉

0.5cm
33cm
33cm

布：オリムパス さらしもめん H-1000
糸：オリムパス 刺し子糸　オレンジ（22）
実物大図案：95ページ

重ね枡刺し（かさねますざし）
22ページ

0.8cm
31.5cm
32cm

布：オリムパス さらしもめん H-1000
糸：オリムパス 刺し子糸　緑（7）、水色（8）
実物大図案：97ページ

千鳥つなぎ（ちどりつなぎ）
23ページ

0.5cm
33cm
33cm

布：オリムパス さらしもめん H-1000
糸：オリムパス 刺し子糸　黄（16）
実物大図案：98ページ

分銅つなぎ（ふんどうつなぎ）
24ページ

0.5cm
33cm
33cm

布：オリムパス さらしもめん H-1000
糸：オリムパス 刺し子糸　緑・青系
ミックス（77）
実物大図案：99ページ

〈表側〉

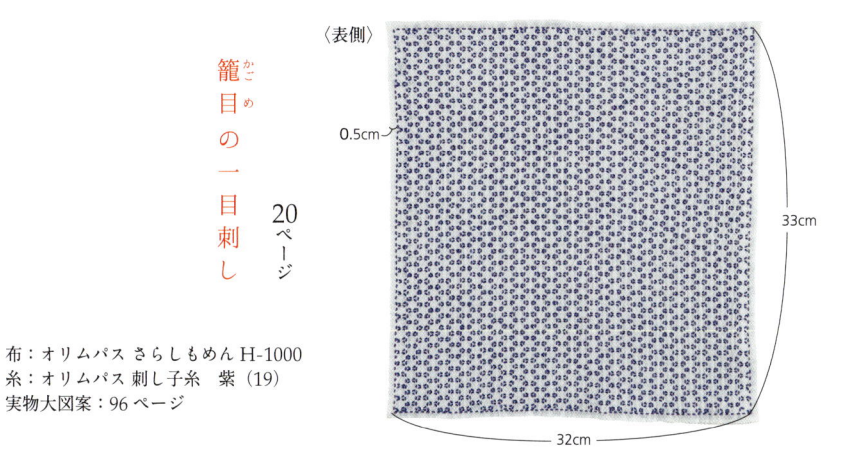

籠目の一目刺し

20ページ

0.5cm

33cm

32cm

布：オリムパス さらしもめん H-1000
糸：オリムパス 刺し子糸　紫（19）
実物大図案：96 ページ

〈表側〉　　　　　　　　　　　　　　　〈裏側〉

柿の花

21ページ

0.5cm

33cm

32.5cm

布：オリムパス さらしもめん H-1000
糸：オリムパス 刺し子糸　青（23）
実物大図案：96 ページ

角七宝

25ページ

1cm

0.5cm

32cm

32cm

布：オリムパス さらしもめん H-1000
糸：オリムパス 刺し子糸　濃いピンク（21）
実物大図案：100 ページ

毘沙門亀甲

26ページ

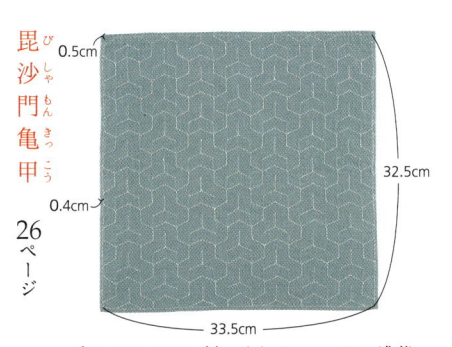

0.5cm

0.4cm

32.5cm

33.5cm

布：オリムパス 刺し子もめん H-4000 浅葱
糸：オリムパス 刺し子糸　生成（2）
実物大図案：101 ページ

枡刺し

27ページ

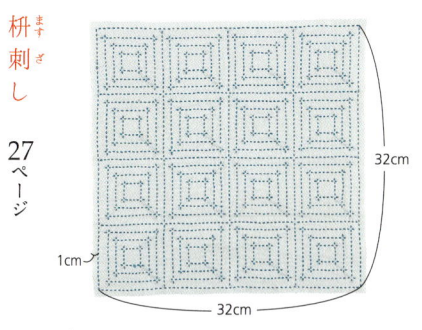

1cm

32cm

32cm

布：オリムパス さらしもめん H-1000
糸：オリムパス 刺し子糸　ブルーグレー（9）
実物大図案：90 ページ

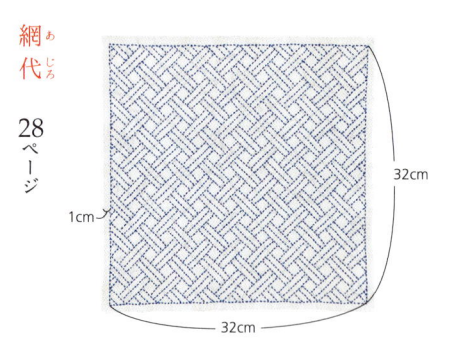

網代（あじろ）
28ページ

1cm
32cm
32cm

布：オリムパス さらしもめん H-1000
糸：オリムパス 刺し子糸　ネイビーブルー（23）
1/2 縮小図案：102 ページ

亀甲（きっこう）
28ページ

0.5cm
33cm
33cm

布：オリムパス さらしもめん H-1000
糸：オリムパス 刺し子糸
　　ビリジアングリーン（26）
1/2 縮小図案：103 ページ

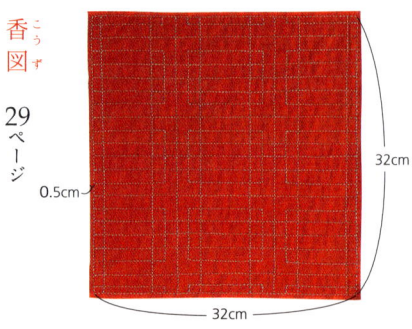

香図（こうず）
29ページ

0.5cm
32cm
32cm

布：オリムパス 刺し子もめん H-4500 赤
糸：オリムパス 刺し子糸　グレー（28）
1/2 縮小図案：104 ページ

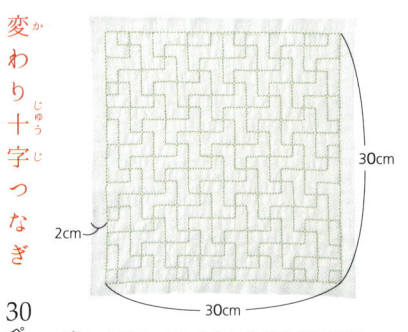

変わり十字つなぎ（かわりじゅうじつなぎ）
30ページ

2cm
30cm
30cm

布：オリムパス さらしもめん H-1000
糸：オリムパス 刺し子糸　イエローグリーン（6）
1/2 縮小図案：105 ページ

六角つみ木（ろっかくつみき）
31ページ

0.5cm
33cm
33cm

布：オリムパス さらしもめん H-1000
糸：オリムパス 刺し子糸　アプリコット（25）
1/2 縮小図案：106 ページ

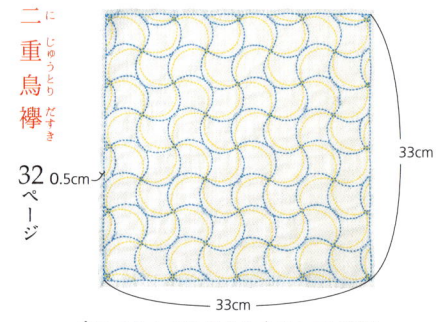

二重鳥襷（にじゅうとりだすき）
32ページ

0.5cm
33cm
33cm

布：オリムパス さらしもめん H-1000
糸：オリムパス 刺し子糸　スカイブルー（27）、
　　レモンイエロー（29）
1/2 縮小図案：107 ページ

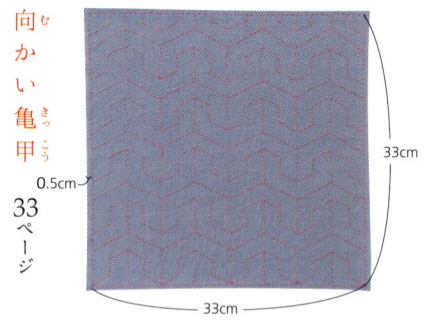

向かい亀甲（むかいきっこう）
33ページ

0.5cm
33cm
33cm

布：オリムパス 刺し子もめん H-7000
　　ラベンダー
糸：オリムパス 刺し子糸　ラベンダー（24）
1/2 縮小図案：108 ページ

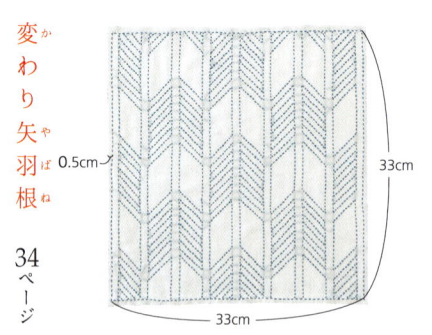

変わり矢羽根（かわりやばね）
34ページ

0.5cm
33cm
33cm

布：オリムパス さらしもめん H-1000
糸：オリムパス 刺し子糸　ブルーグレー（9）
1/2 縮小図案：109 ページ

丸毘沙門（まるびしゃもん）
35ページ

0.5cm
33cm
33cm

布：オリムパス さらしもめん H-1000
糸：オリムパス 刺し子糸　チェリーピンク（21）
1/2 縮小図案：110 ページ

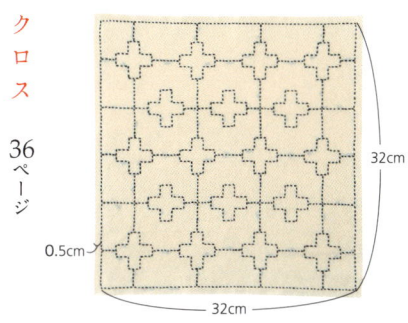

クロス
36
ページ

0.5cm　32cm　32cm

布：オリムパス 刺し子もめん H-6000 生成
糸：オリムパス 刺し子糸　黒（20）
1/2 縮小図案：111 ページ

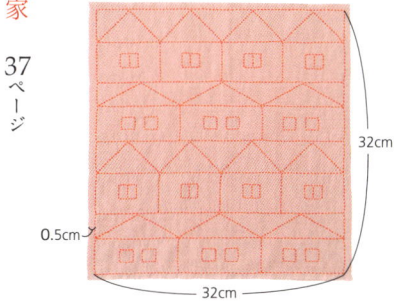

家
37
ページ

0.5cm　32cm　32cm

布：オリムパス 刺し子もめん H-3000 渋ピンク
糸：オリムパス 刺し子糸　スカーレット（15）
1/2 縮小図案：112 ページ

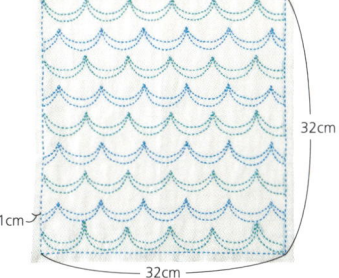

なみ
38
ページ

1cm　32cm　32cm

布：オリムパス さらしもめん H-1000
糸：オリムパス 刺し子糸
ターコイズ（17）、スカイブルー（27）
1/2 縮小図案：113 ページ

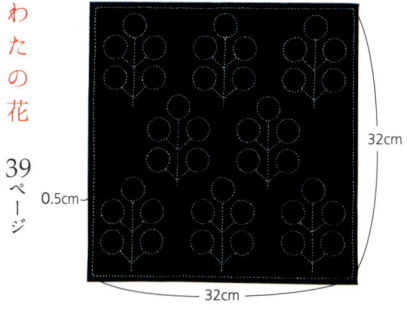

ちょうちょ
38
ページ

0.5cm　32cm　32cm

布：オリムパス さらしもめん H-1000
糸：オリムパス 刺し子糸　ライトブルー（8）、
ピンク（13）、パープル（19）
1/2 縮小図案：114 ページ

わたの花
39
ページ

0.5cm　32cm　32cm

布：オリムパス 刺し子もめん H-2000 藍
糸：オリムパス 刺し子糸　オフホワイト（2）
1/2 縮小図案：115 ページ

森
40
ページ

1cm　32cm　32cm

布：オリムパス 刺し子もめん H-8000 うぐいす
糸：オリムパス 刺し子糸　オフホワイト（2）
1/2 縮小図案：116 ページ

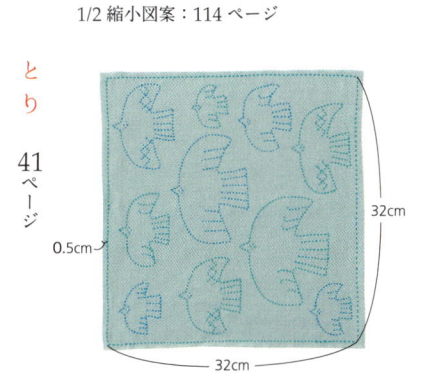

とり
41
ページ

0.5cm　32cm　32cm

布：オリムパス 刺し子もめん H-4000 浅葱
糸：オリムパス 刺し子糸
ターコイズ（17）、スカイブルー（27）
1/2 縮小図案：117 ページ

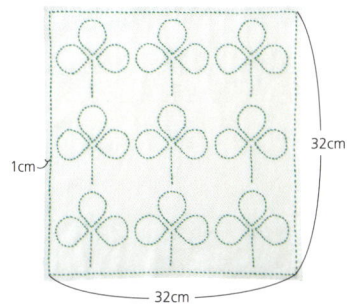

クローバー
42
ページ

1cm　32cm　32cm

布：オリムパス さらしもめん H-1000
糸：オリムパス 刺し子糸
ビリジアングリーン（26）
1/2 縮小図案：118 ページ

ダーラナホース

43ページ

1cm　32cm　32cm

布：オリムパス さらしもめん H-1000
糸：オリムパス 刺し子糸
黄（16）、スカイブルー（27）
1/2 縮小図案：119 ページ

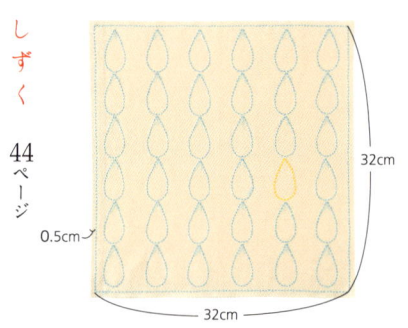

しずく

44ページ

0.5cm　32cm　32cm

布：オリムパス 刺し子もめん H-6000 生成
糸：オリムパス 刺し子糸　ライトブルー（8）、
レモンイエロー（29）
1/2 縮小図案：120 ページ

野花

45ページ

0.5cm　32cm　32cm

布：オリムパス 刺し子もめん H-6000 生成
糸：オリムパス 刺し子糸　オレンジ（22）
1/2 縮小図案：121 ページ

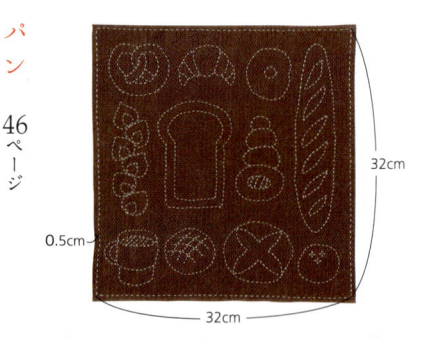

パン

46ページ

0.5cm　32cm　32cm

布：オリムパス 刺し子もめん H-8500 茶
糸：オリムパス 刺し子糸　オフホワイト（2）
1/2 縮小図案：122 ページ

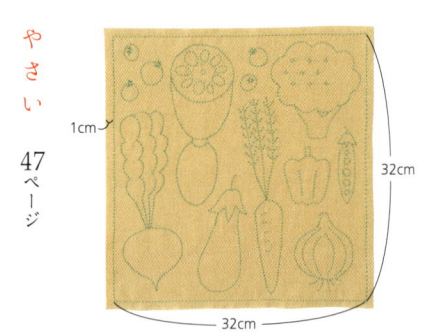

やさい

47ページ

1cm　32cm　32cm

布：オリムパス 刺し子もめん H-5000 からし
糸：オリムパス 刺し子糸　緑（7）
1/2 縮小図案：123 ページ

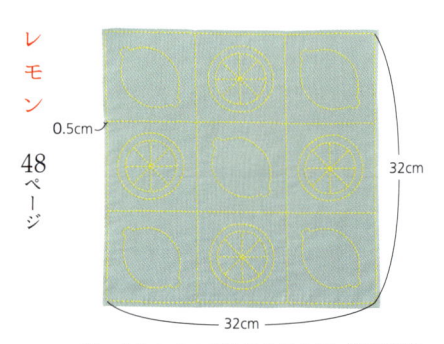

レモン

48ページ

0.5cm　32cm　32cm

布：オリムパス 刺し子もめん H-4000 浅葱
糸：オリムパス 刺し子糸　レモンイエロー（29）
1/2 縮小図案：124 ページ

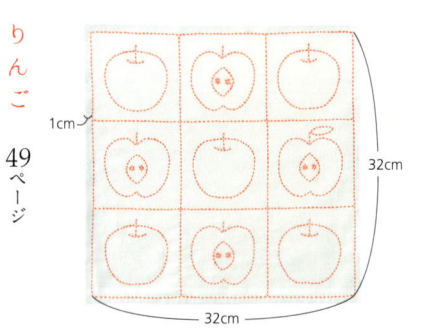

りんご

49ページ

1cm　32cm　32cm

布：オリムパス さらしもめん H-1000
糸：オリムパス 刺し子糸　スカーレット（15）
1/2 縮小図案：125 ページ

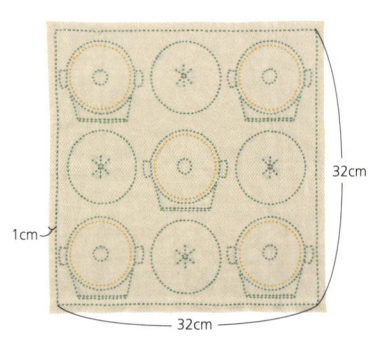

なべ

50ページ

1cm　32cm　32cm

布：オリムパス 刺し子もめん H-6000 生成
糸：オリムパス 刺し子糸　からし色（5）、緑（7）
1/2 縮小図案：126 ページ

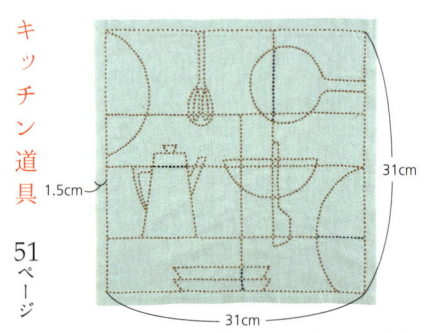

キッチン道具

51ページ

1.5cm　31cm　31cm

布：オリムパス 刺し子もめん H-4000 浅葱
糸：オリムパス 刺し子糸　茶色（3）、黒（20）
1/2 縮小図案：127 ページ

作ってみましょう

用意するもの

糸

本書では「オリムパス刺し子糸」を1本どりで使用しています。糸本来の風合いを大切にした刺し子専用の木綿糸で、美しくふっくらと仕上がります。a 単色全40色、b ミックス全7色。1かせ：20 m。

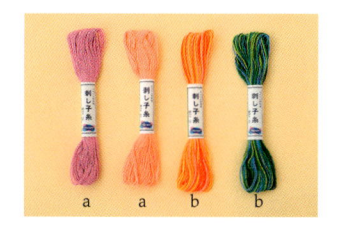

布

ふきんに最適なさらしを、二重にして使います。a「オリムパス さらしもめん（約 34 × 70 cm）」、b「オリムパス 刺し子もめん（各約 33 × 70 cm）」

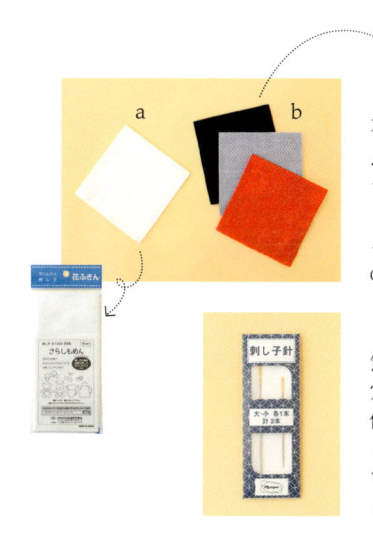

針

穴が比較的大きい刺し子専用の針を使います。ただ、針穴が大きすぎると糸が動いて毛羽立ちやすくなるので注意して。好みの長さの針を使いましょう。

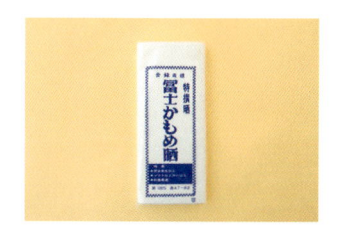

そのほかのさらし

何枚も刺したいなら、「さらし一反（約 10 m）」がおすすめ。

基本の用具

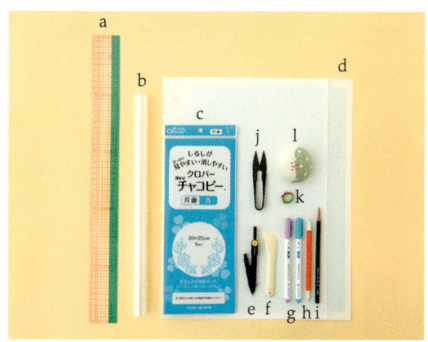

a 定規　図案を描いたり、写したりするときに。
b セロファン　さらしに図案を写すときに滑りをよくし、図案を保護する。包装用のものでOK。
c 手芸用複写紙（片面タイプ）　布に図案を写すときに。水で消えるタイプが便利。
d 方眼紙・斜眼紙　図案を描くときに。
e コンパス　曲線の図案を描くときに。
f ヘラ　さらしに直接図案を描くときに。
g チャコペン　さらしに直接図案を描いたり、写したりするときに。水で消えるタイプが便利。

h トレーサー　図案をなぞるときに。インクの出なくなったボールペンでも可。
i 鉛筆　図案を描いたり、写したりするときに。
j 糸切りバサミ　糸を切るときに。
k 指ぬき　針の頭を固定して縫うと効率アップ。慣れない人はしなくてもOK。
l まち針　図案を写すときに。

さらし一反を使う場合の下準備

さらし一反は、最初にアイロンをかけて全て巻いておくと、スムーズに使えます。

1 さらしの幅よりも長い筒（ラップの芯2本を縦につなげてもOK）を用意します。さらしをパッケージから出すと、このように畳まれた状態になっています。

2 さらしの端からスチームアイロンを当てていきます。

3 端から、芯に巻きつけます。シワにならないように注意してください。

4 一反すべて巻き終わりました。作るときは、ふきん1枚分をカットして使っていきます。

図案の描き方と写し方

A. 方眼用紙に描く方法

同じ模様を何枚か刺したい場合、方眼用紙に製図しておくと便利です。

1 方眼紙や斜眼紙を用意します。斜眼紙が手に入らない場合は 79 ページの斜眼紙をコピーして使ってください。

2 33 ページの向かい亀甲を描きます。作りたい大きさに合わせて、方眼紙に薄く案内線を引きます。

3 2の案内線を頼りに濃く図案を描きます。刺す順番をイメージしながら引くのがおすすめです。

B. チャコペンでさらしに直接描く方法

伝統模様は、さらしに直接図案を描くとズレが生じにくく、時間もかからないのでおすすめです。

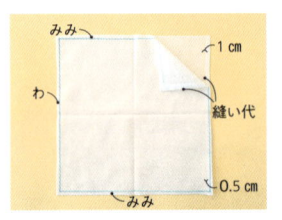

1 スチームアイロンをかけたさらしを、半分にして両端の縫い代を内側に折り、二重にして0.5cm内側四辺に線を引きます。

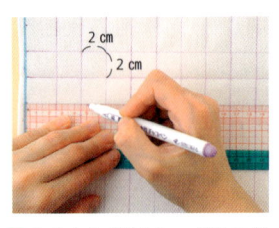

2 さらしに直接2cm方眼の線を引きます。

3 方眼線を案内線にして、図案を描きます。曲線部分は厚紙で型紙を作る（型紙の直径はやや小さくすると円がきれいに描けます）と便利です。

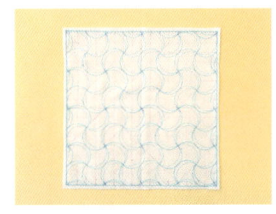

4 図案が描けました。

C. 案内線をヘラで引く方法

2 枚の布がピタッと落ち着いて刺しやすく、案内線が残らないのできれいに仕上がります。しかも、チャコペンのインクが減らなくて経済的です。

1 チャコペンでさらしの内側四辺に線を引き、ヘラの丸い部分を使って直接1.5cm方眼の線を引きます。

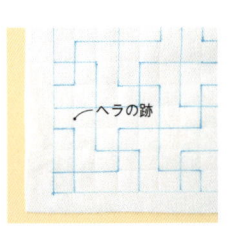

2 ヘラの方眼線を案内線にして、チャコペンと厚紙で図案を描きます。

D. さらしの間に図案を挟んで写す方法

白いさらしや、ピンクや水色など淡い色のさらしは、図案の上に重ねると図案が透けて見え、そのまま写せます。

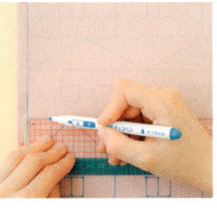

1 半分に折ったさらしに図案を挟んで、まち針でしっかり固定し、チャコペンで図案を写します。

2 すべて写せたら、図案をはずします。

E. チャコペーパーを使って写す方法

濃い色のさらしの場合は、Bのようにチャコペンでさらしに直接写すか、次のようにチャコペーパーを使います。

1 さらしの上に、チャコペーパーを裏向きに重ねます。

2 図案を描いた方眼用紙（または縮小図案を写した紙やコピーなど）、セロファンの順に重ねます。

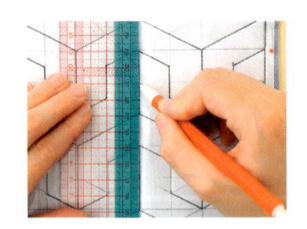

3 2をまち針でしっかり固定し、トレーサーで図案をなぞって写します。セロファンを使うと、紙が破れず、図案を繰り返し使うことができます。

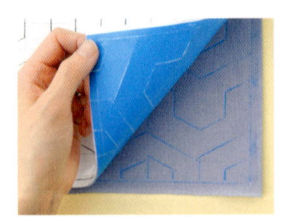

4 すべて写せたら、図案をはずします。

刺し子をする

昔から「下手の長糸」という言葉があります。糸を長くしすぎると、もつれたり毛羽立ってしまうので、こまめに糸を替えてください。

*糸を用意する

1 ラベルをはずします。

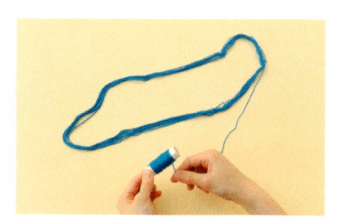

2 かせをほどき、筒状にした厚紙に巻いていきます（近くに人がいたら、手伝ってもらうとラク）。

3 巻き終わったら、ハサミで1カ所切り込みを入れて糸端を挟みます。

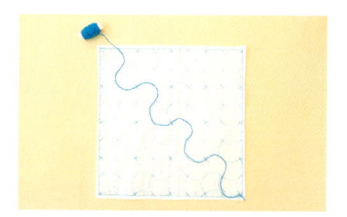

4 糸は一番長い線の2倍＋10cmの長さまでに。図案に糸を沿わせて測ると無駄がありません。

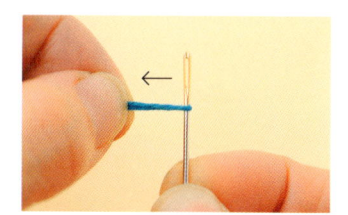

5 糸で針を挟んで、二つに折るように引っぱります。

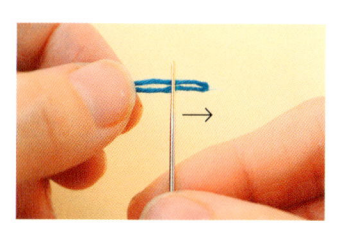

6 折りぐせをつけ、糸を持って針穴に押し込むようにして通します。

*玉結びで始める

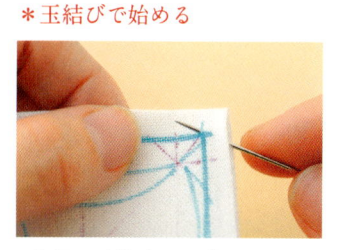

1 糸端を玉結びし、2枚のさらしの間に針を入れます。

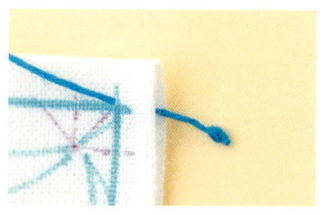

2 最後まで糸を引くと、玉結びがさらしの間に隠れます。

*指ぬきをはめる

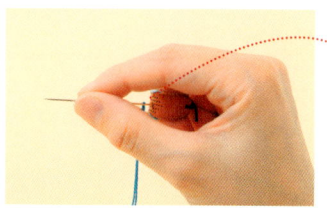

利き手の中指の第1関節と第2関節の間にはめ、指ぬきの穴に針の頭を固定して親指と人さし指で針を持ちます。

おすすめのひと工夫

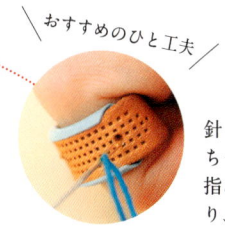

針を当てたい箇所の穴を目打ちや針で大きくしておくと、指ぬきに針を固定しやすくなり、きれいに運針できます。

*直線を刺す　運針のコツ

刺し始めは2針刺してから針と糸を写真のように持ちます。1針刺すごとに両手を上下させ、さらに右手の人さし指と親指をずらしながら運針します。針目は、表側が裏側よりも少し大きくなるように一定の針目を心がけて。刺し上がりをきれいにするには、とにかく慣れることが大切です。

〜 ＝ 右手の人さし指と親指をずらす

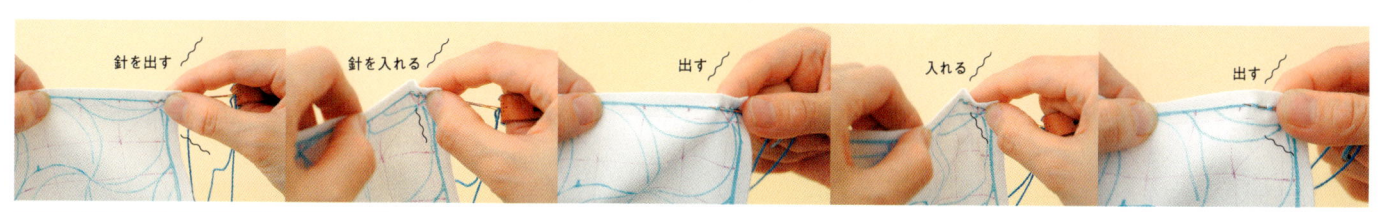

針を出す　針を入れる　出す　入れる　出す

＊糸をしごく

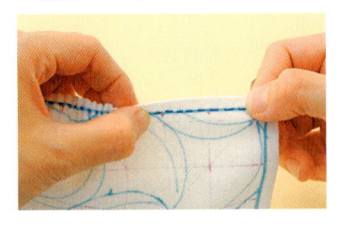 

約10cmは続けて刺して、出した針を引き、左手の親指（表側）と人さし指（裏側）でていねいに糸をしごきます。布目の縦横はよくしごきますが、斜めは伸びやすいのでしごきすぎないようにしてください。平らなところに置いて布が縮む場合は、しごき方が足りません。反対に糸が浮いている場合は、しごきすぎなので一度糸を引いてから調整してください。

＊玉どめで終わる

  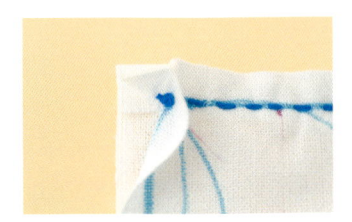

1 一辺の端まで刺せたら、2枚のさらしの間に針を入れます。

2 そのままさらしの間で玉どめをし、糸を切ります。

3 玉どめがさらしの間に隠れます。

＊曲線を刺す　二重鳥襷（32ページ）

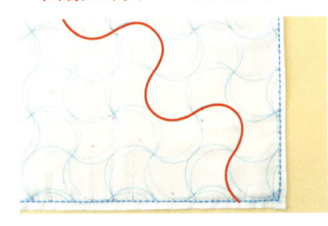   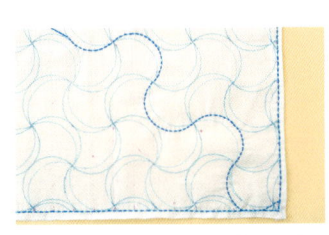

1 この曲線を刺します。

2 図案の線の上に、針先を乗せていくように針を進めるのがきれいなラインを出すコツ。1つの曲線を刺して、交点を越えた2針先くらいまで刺すと針目が安定します。

3 針を引き、糸をしごくときれいな曲線が現れます。

4 2・3を繰り返して刺し進めます。

ふきんを一枚刺す流れを、32ページの二重鳥襷で紹介します。
図案によって適宜参考にしてください。

   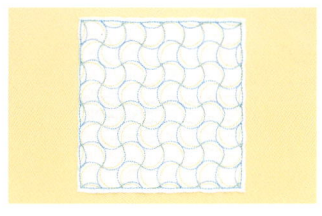

1 図案を引いたらまずは四辺を刺し、外側の曲線を刺していきます。

2 外側の曲線を全部刺します。

3 内側の曲線も、刺していきます。

4 全部刺せました。洗濯すれば図案が消えます。

こんな場合はどうする？

刺しているときに、戸惑いがちなポイントを紹介します。

＊線が続いていない図案　向かい亀甲（33ページ）

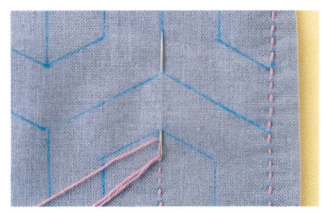 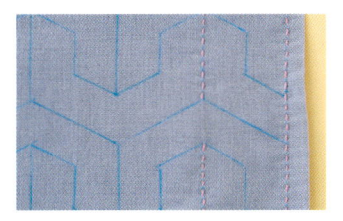

1 糸を切らずに2枚のさらしの間に針を入れ、次の位置に針を出します。

2 そのまま刺します。糸がさらしの間で渡って、裏側に出ないのできれいです。

＊内側にある図案　比翼井桁（14ページ）

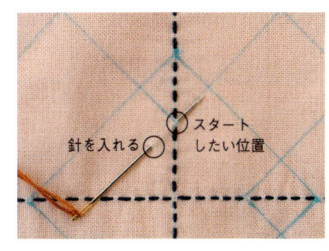 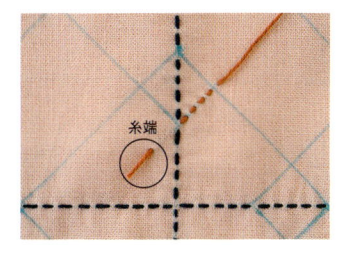  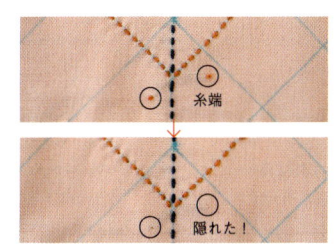

1 糸端は玉結びしません。まずは図案の少し前から針を入れ、さらしの間を通してスタートしたい位置に針を出します。

2 四角を刺し始めます。糸端が抜けない程度に糸を引くのがポイントです。

3 四角が刺せたら、さらしの間に針を入れ、約1cm先に出します。

4 針を引き、ぎりぎりのところで切ります。手で少しさらしをもむと、糸端がさらしの間に隠れます。刺し始めの糸端も同様に切ります。

※玉どめをしないので不安かもしれませんが、洗濯をすると布が引き締まるので、糸端が出てくる心配はありません。

より美しい作品を作るために

刺し子は、難しく考えず、好きなように楽しく刺すのが一番です。
慣れてきて完成度の高い作品を目指すなら、以下に気をつけてみてください。

〈角〉 変わり十字つなぎ（30ページ）　　香図（29ページ）

角は針目が出るように（二辺どちらかの針目を出すか入れるかする）刺します。

〈交点〉 花刺し（15ページ）　　麻の葉（4ページ）

交点は中心が交わらないように刺します。

角をきれいに出すコツ　どの図案にも必ず出てくる「角」。ちょっとの工夫でグンときれいに刺せます。

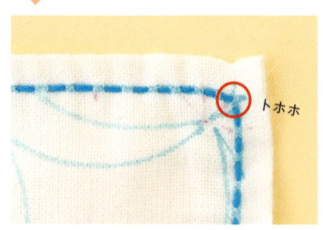 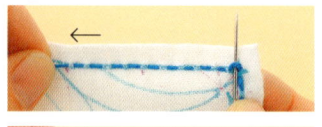 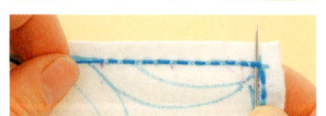 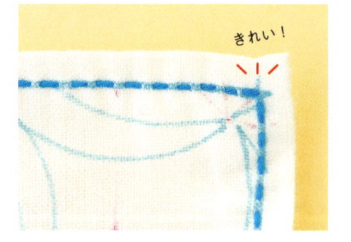

そのまま糸を引くと、針目がさらしにのめり込んでしまって角がきれいに出ません。

1 角の部分に針を入れてから糸を引きます。

2 針の厚み分の余裕のおかげで、引っぱられすぎず、角がきれいに出せました。

伝統模様の描き方と刺し方のポイント

※ 61 〜 66 ページも参照してください

・好きなサイズで製図すれば、アレンジも自由自在です。
・丸数字と矢印は、刺す順番と方向を示しています。
・模様を正確に描くことが、きれいな仕上がりへの第一歩です。
・糸が長すぎると、さらしの間を通るたびに痩せてきて、弱くなってしまいます。
・ひと模様の目数を決めておくと、統一感が出てきれいです。
・中央の図案から刺していくと、さらしがずれません。不安な方は、縦横斜めに大まかにしつけをしておくと、ずれにくくてよいでしょう。
・進行方向に針先をまっすぐ向けて刺し、曲線や角、交点は特に注意して刺すときれいです（63 〜 66 ページ参照）。
・線が続いていないところは、さらし 2 枚の間に針を入れ、次の位置に針を出します（65 ページ参照）。糸を引きすぎて、渡した糸がつれないように注意してください。渡した糸が透けて見えて気になる場合は、その都度糸を切って始末（65 ページ参照）します。
・縦横方向は布が縮まないようにしっかりしごき、斜め方向は糸がつれないように、またゆるみすぎないように注意します（64 ページ参照）。
・ボカシ糸やミックス糸を使う場合は、好きな色が出るよう、配置を考えながら刺すのがおすすめです。

七宝つなぎ　5ページ

3 cm方眼の案内線を引き、半径 3 cmの円の型紙で描く。①〜④の曲線を、端から端まで続けて刺す。

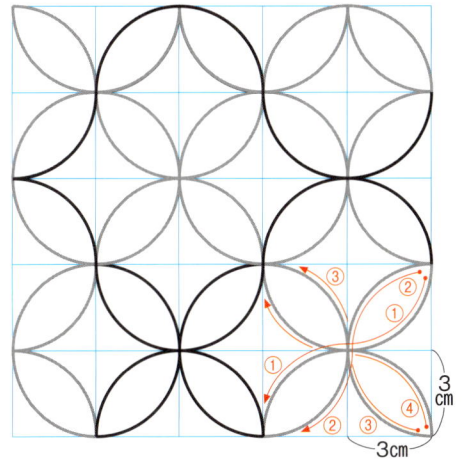

麻の葉　4ページ

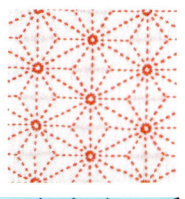

下図のように図案を描く。①の縦線、②・③の斜線、④・⑤のジグザグ線の順に刺す。⑥はさらしの間に糸を渡しながら刺す。

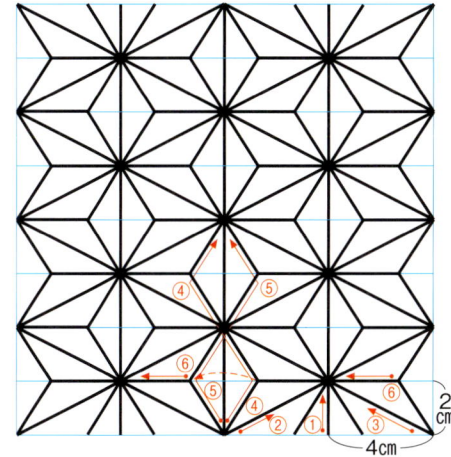

製図の仕方

①縦 2 cm×横 4 cmの方眼線を書き、縦 4 cm×横 8 cmの対角線を引く。
②縦 6 cm×横 4 cmの対角線を左斜め方向に引く。
③②と 1 マス分上にずらした縦 6 cm×横 4 cmの右斜め方向にも対角線を引く。
④①〜③を案内線にして、必要な図案線を描く（上図①〜⑥）

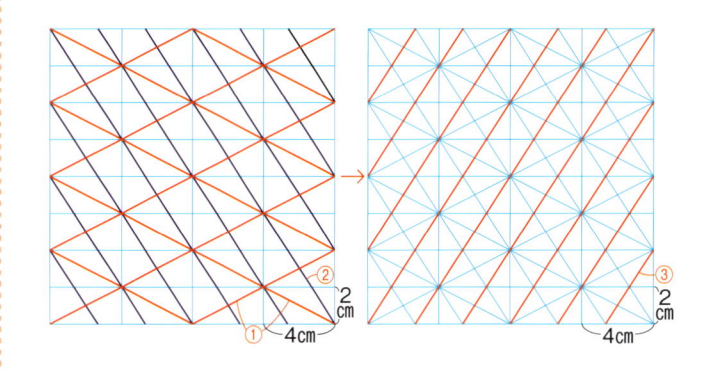

青海波 6ページ
せいがい は

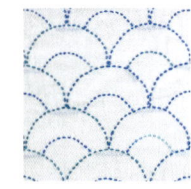

3cm方眼の案内線を
引き、半径3cmと半
径1.75cmの円の型
紙で半円を描く。①
を刺す。②はさらし
の間に糸を渡しなが
ら刺す。

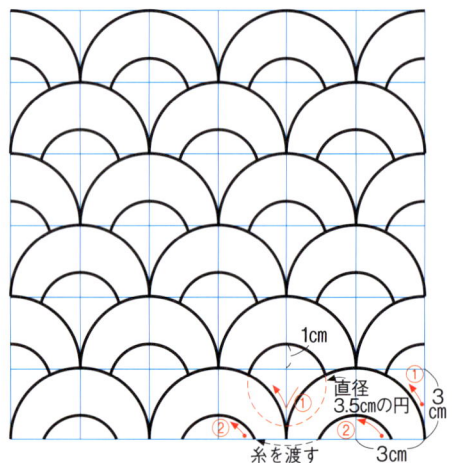

角亀甲 7ページ
つのきっこう

斜眼紙を使って六角
形を描く。①の縦線
をさらしの間に糸を
渡しながら刺す。②
の六角形の一辺を刺
したら、矢印のよう
に戻るようにして刺
す。

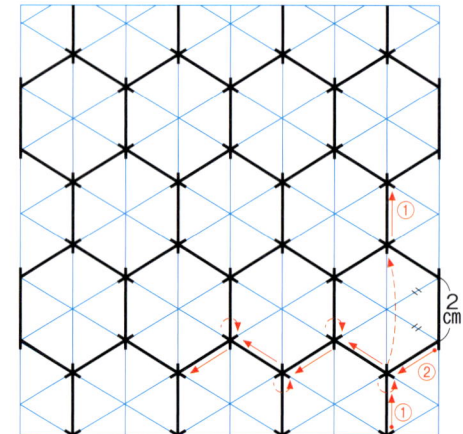

十字つなぎ 8ページ
じゅうじ

1.8cm方眼の案内線
を引き、図のように
模様を描く。①・②
の順に、「2マス刺
したら角度を変えて
1マス刺す」ように
端から端まで階段状
に続けて刺す。

※本書では1.8cm方眼
にしましたが、2cm方
眼のほうが製図しやす
くておすすめです。さ
らしの中央を起点にす
ると模様がきれいに入
ります。

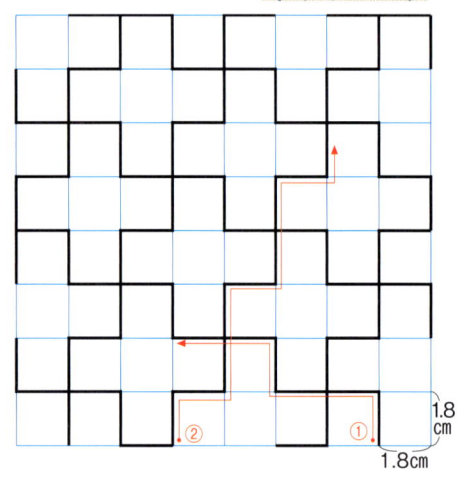

朝顔 9ページ
あさがお

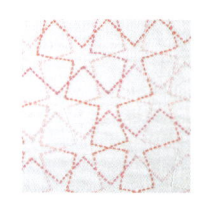

製図の仕方は78ペー
ジ。①～③の順にジ
グザグ線を刺す。

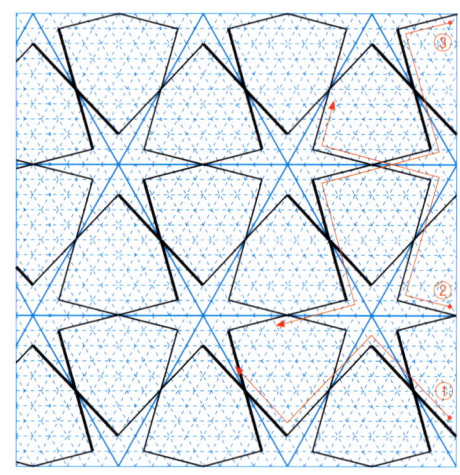

紗綾形 10ページ

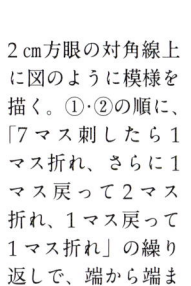

2cm方眼の対角線上に図のように模様を描く。①・②の順に、「7マス刺したら1マス折れ、さらに1マス戻って2マス折れ、1マス戻って1マス折れ」の繰り返しで、端から端まで続けて刺す。

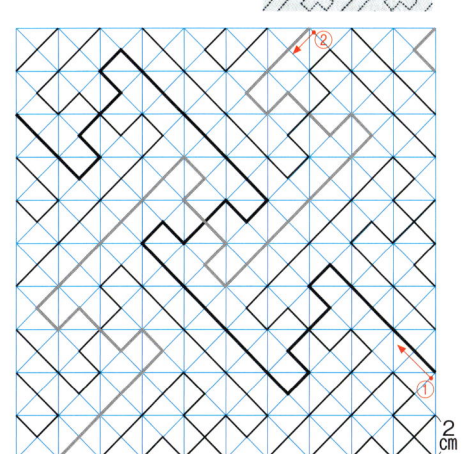

籠目 11ページ

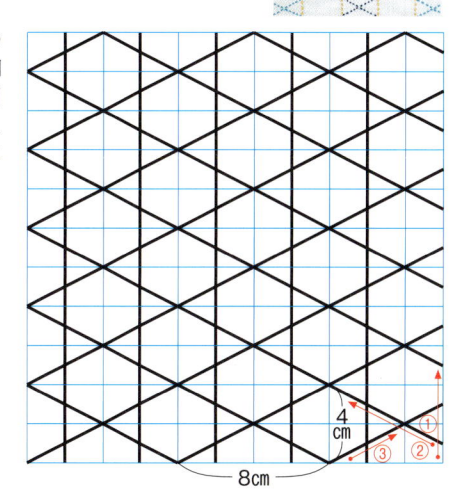

縦4cm×横8cmの対角線を引く。右図のように縦線を引く。①の縦線を刺し、②・③の斜線の順に刺す。

網文 12ページ

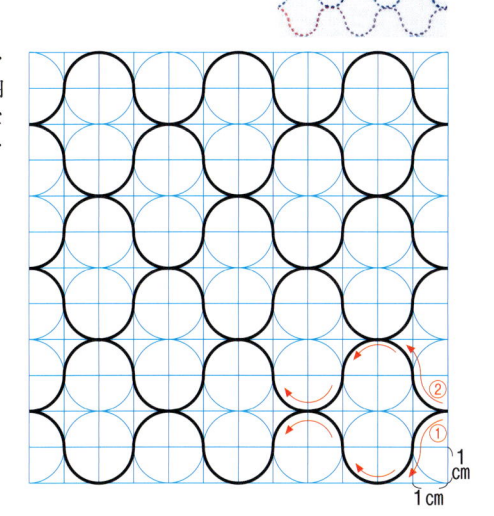

1cm方眼の案内線を引き、半径1cmの円の型紙で半円がつながるように描く。①・②の順に刺す。

菱青海波 13ページ

4cm方眼の案内線を引き、縦4cm×横8cmの対角線を引く。図のように模様を描く。①の斜線を刺し、交差する②の斜線を刺す。③の菱形の中の山形はひと模様ずつさらしの間に糸を渡しながら刺す。

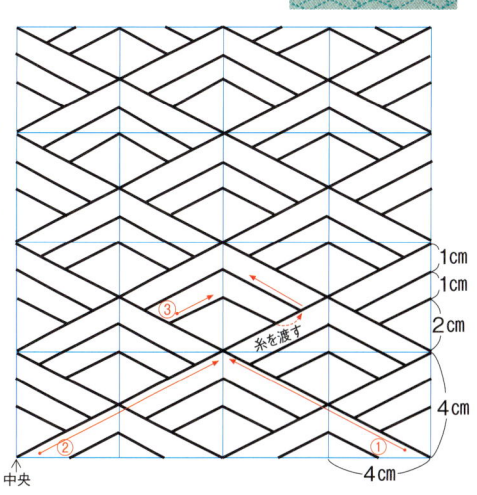

糸を渡す

中央

比翼井桁 14ページ
_{ひ よく い げた}

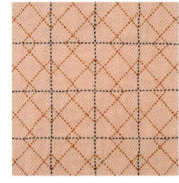

2cm方眼の案内線を
引き、図のように模
様を描く。①の縦
線、②の横線の順に
刺し、③の正方形を
ひと模様ずつ刺す。

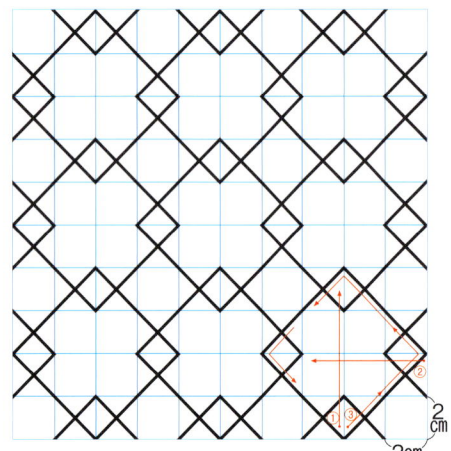

2cm
2cm

矢羽根 16ページ
_{や ば ね}

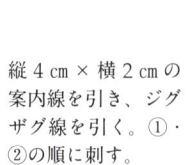

縦4cm×横2cmの
案内線を引き、ジグ
ザグ線を引く。①・
②の順に刺す。

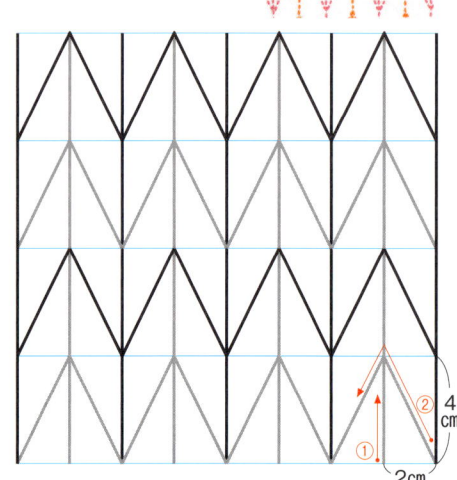

4cm
2cm

結び亀甲 17ページ
_{むす きっ こう}

2cm方眼の案内線を
引き、右図のように
製図する。①の縦線
を刺し、②の斜線は
さらしの間に糸を渡
しながら刺す。

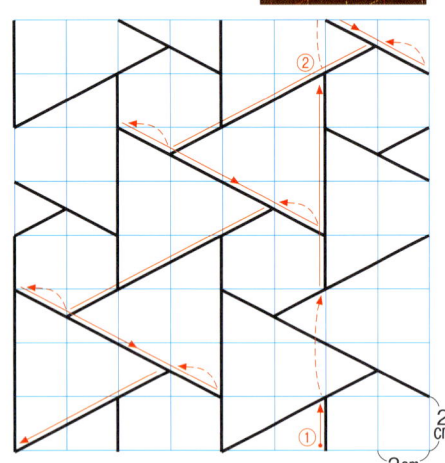

2cm
2cm

<ruby>花<rt>はな</rt></ruby> <ruby>刺<rt>ざ</rt></ruby>し　15ページ

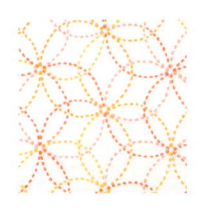

下図のように模様を描く。横方向に波形の①を刺し、②で8の字形に戻る。同様に斜めに③・④と刺し、さらに交差する方向の⑤・⑥を刺す。

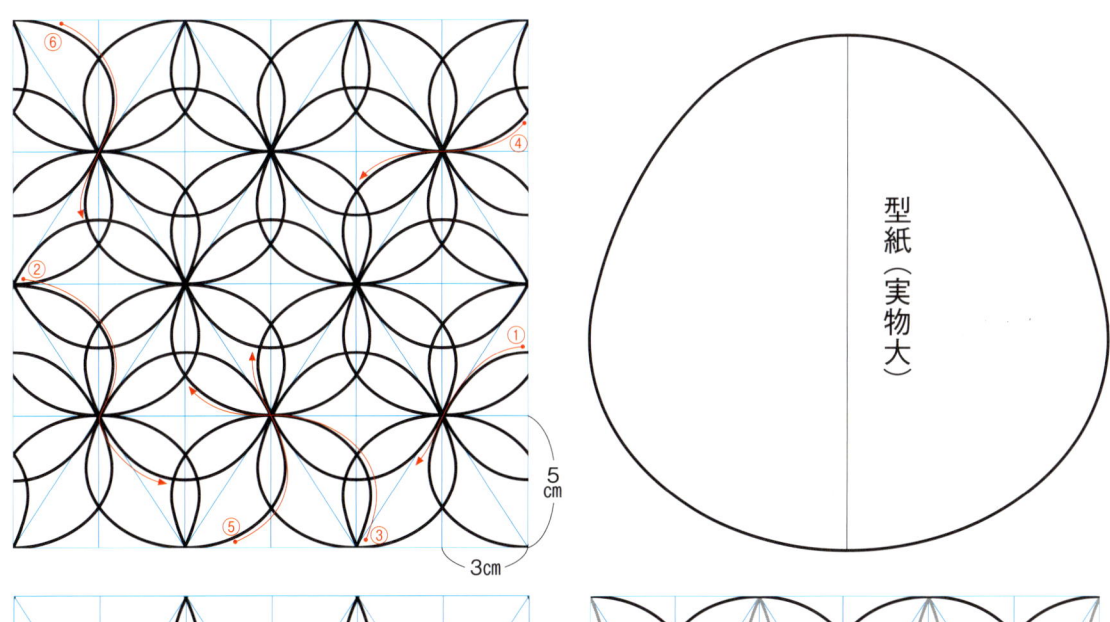

型紙（実物大）

製図の仕方
①縦5cm×横3cmの案内線を引き、縦10×横6cmの対角線を引く。対角線の交点を基準に型紙を当てて模様を描く。
②型紙の上下を逆にして同様に模様を描く。

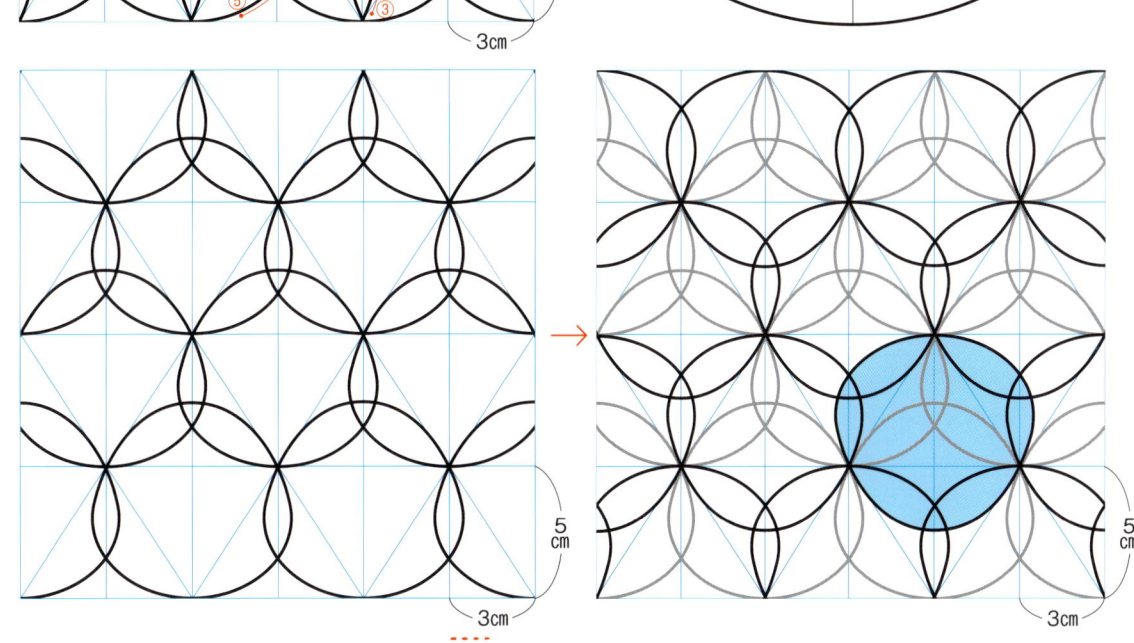

変わり花十字　18ページ
<small>か　　　　　はな じゅうじ</small>

0.5 cm方眼の案内線を引く。方眼線を頼りに1目0.5cmで①・②を刺す。①・②を頼りに③・④を斜めに刺す。

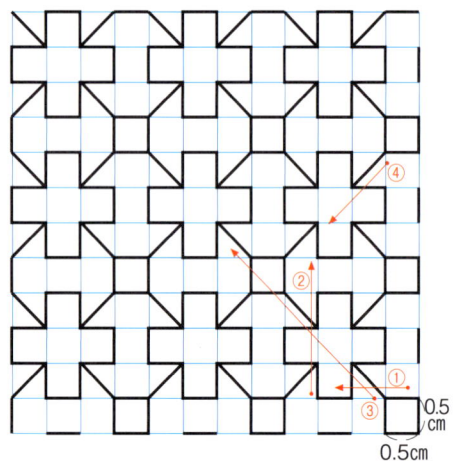

0.5cm

0.5cm

十字花刺し　19ページ
<small>じゅうじ はな ざ</small>

0.5 cm方眼の案内線を引く。方眼線を頼りに1目0.5cmで①・②を刺す。①・②を頼りに③・④を斜めに刺す。

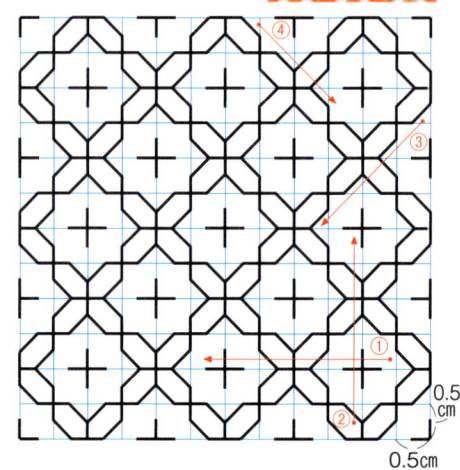

0.5cm

0.5cm

籠目の一目刺し　20ページ
<small>かご　め</small>

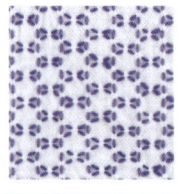

1 cm方眼の案内線を引く。縦線と縦線の中央で交差するように斜線を引く。①〜③の順に刺す。

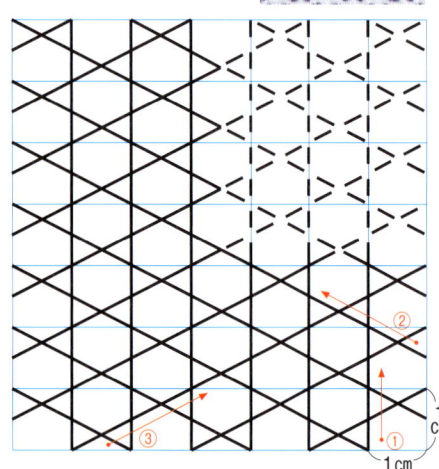

1cm

1cm

柿の花　21ページ
<small>かき　　はな</small>

0.5 cm方眼の案内線を引く。方眼線を頼りに1目0.5cmで①・②の順に刺す。

0.5cm

0.5cm

重ね枡刺し 22ページ

2cm方眼の対角線上に右図のように製図する。正方形を4つ続けて刺すか、1つずつ刺す。

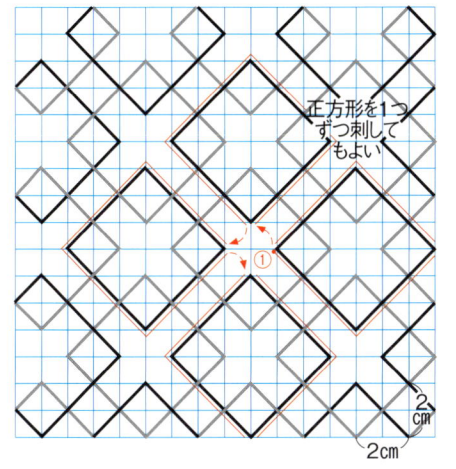

正方形を1つずつ刺してもよい

①

2cm

2cm

千鳥つなぎ 23ページ

縦6cm×横3cmの案内線を引き、対角線を引いて案内線にする。半径2cmの円の型紙で曲線を描く。①〜③の曲線を、端から端まで続けて刺す。

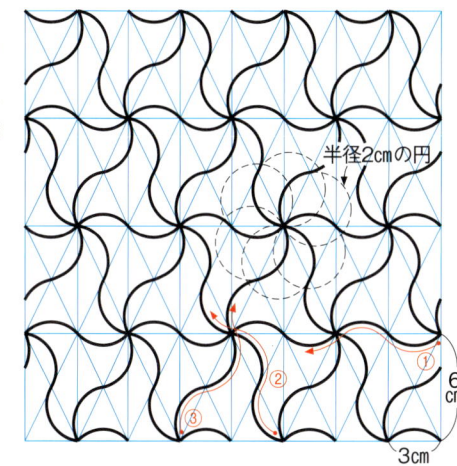

半径2cmの円

①
②
③

6cm

3cm

分銅つなぎ 24ページ

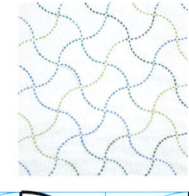

七宝つなぎと同様に製図し、必要な線だけを刺す。①・②の順に、端から端まで続けて刺す。

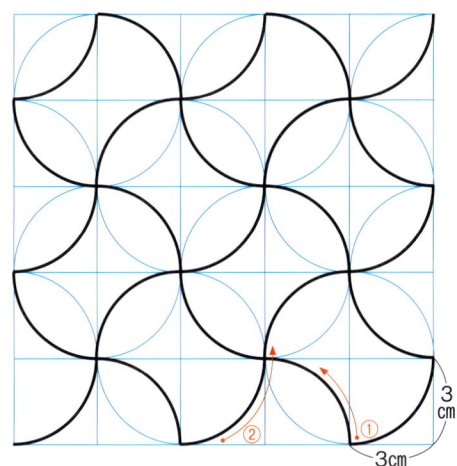

①
②

3cm

3cm

角七宝 25ページ

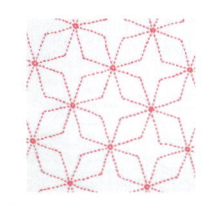

4cm方眼の案内線を引き、右図のように製図する。七宝つなぎと同様に、①〜④の斜線を、端から端まで続けて刺す。

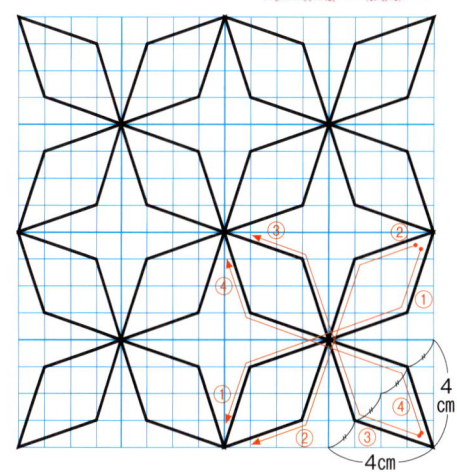

①
②
③
④

4cm

4cm

毘沙門亀甲　26ページ

1.5cm方眼の案内線を引き、右図のように製図する。上端から①のように刺す。

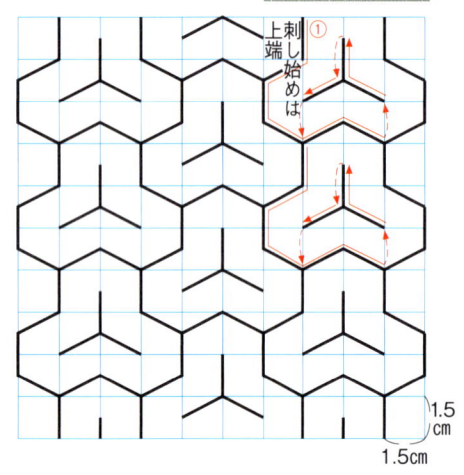

刺し始めは上端

1.5cm

1.5cm

枡刺し　27ページ

8cmの方眼線を引き、2cmずつ大きさを変えて枡を描く。①・②を刺す。③〜⑤までさらしの間に糸を渡しながら刺す。

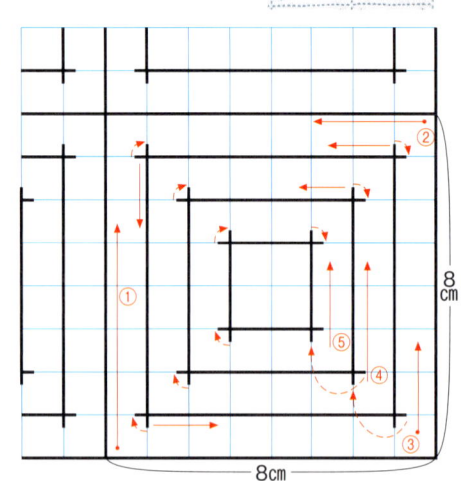

8cm

8cm

網代　28ページ

下図のように模様を描く。①の斜線、交差する②の斜線の順に刺す。模様が重なるところはさらしの間に糸を渡しながら刺す。

糸を渡す

製図の仕方
①2cm方眼の案内線を引き、図のように斜線を引く。
②斜線にそれぞれ0.7cm間隔の線を薄く引く。
③斜線を3マスずつつないで交互に重ねた模様を描く。

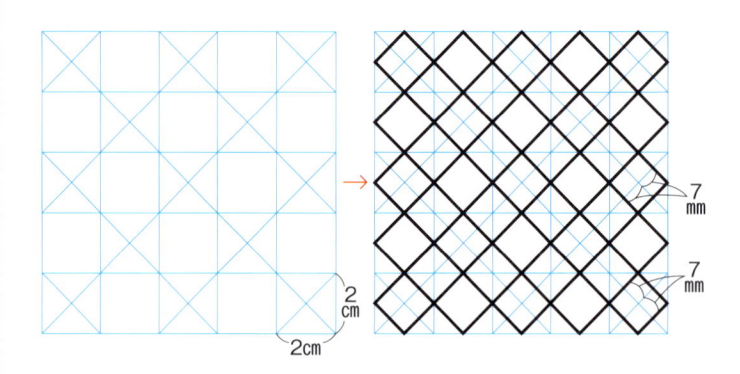

2cm

2cm

7mm

7mm

亀甲 （きっこう） 28ページ

斜眼紙を使って図のように模様を描く。①・②・③の順にひと模様ずつ刺す。

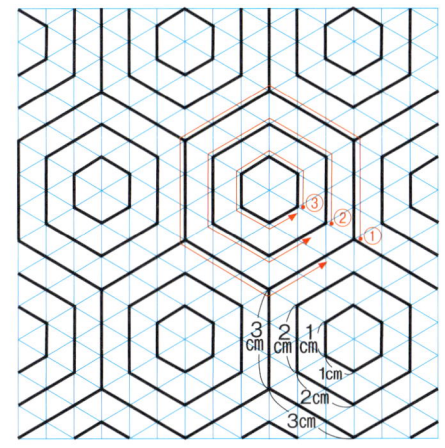

香図 （こうず） 29ページ

縦は6cmと1.5cm、横は1.5cmの案内線を引き、図のように模様を描く。①の横線、②の縦線の順に刺し、③の長方形を刺す。

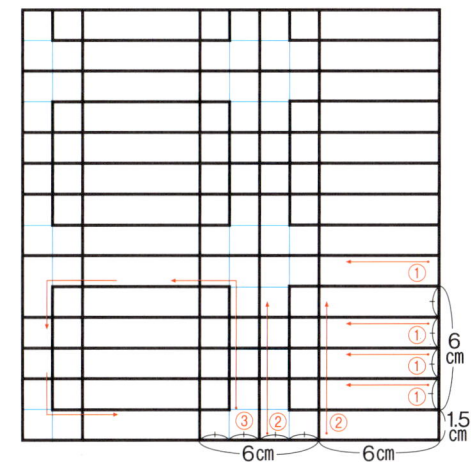

変わり十字つなぎ （かわりじゅうじ） 30ページ

1.5cm方眼の案内線を引き、図のように模様を描く。①・②の順に「4マス刺したら角度を変えて2マス刺す」ように端から端まで階段状に続けて刺す。

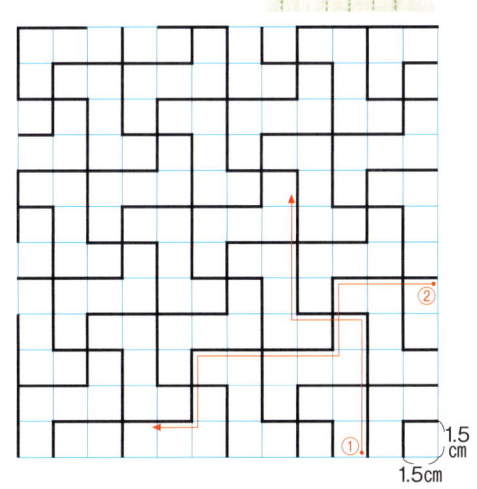

六角つみ木 （ろっかく） 31ページ

斜眼紙を使って図のように模様を描く。①の縦線はさらしの間に糸を渡しながら刺し、②はひと模様ずつ刺す。

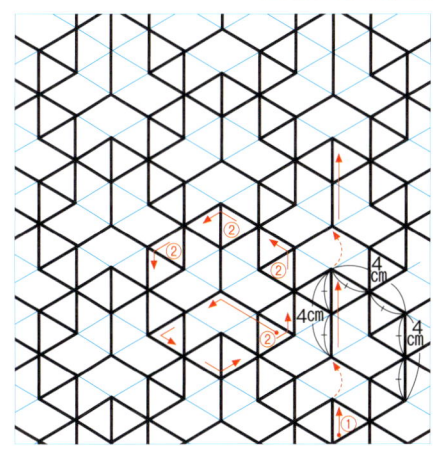

二重鳥襷　32ページ

32ページ

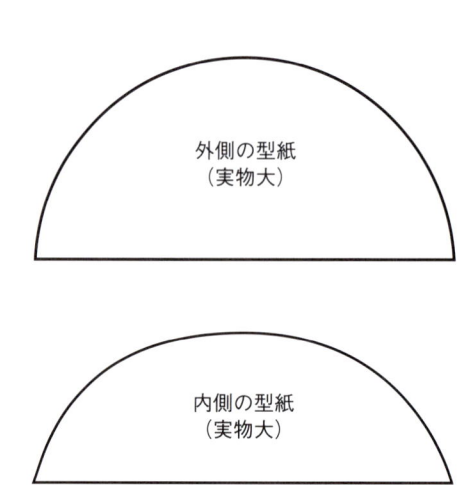

下図のように模様を
描く。①・②の外側
の曲線、③・④の内
側の曲線の順に刺す。

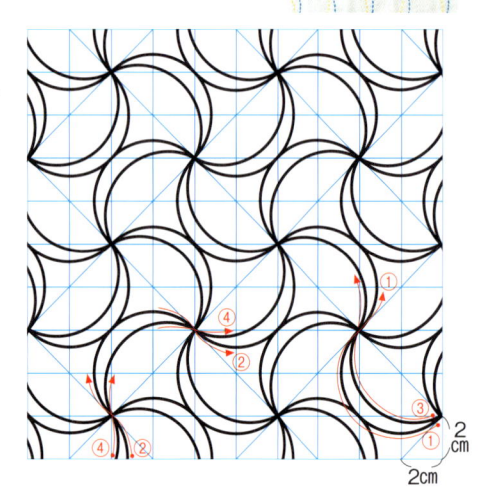

外側の型紙
（実物大）

内側の型紙
（実物大）

製図の仕方
①2cm方眼の案内線を引き、縦8cm×横8
cmの対角線を引く。図のように斜線の上に
直径5.6cmの半円をきれいな曲線になるよ
うにつなぐ。型紙を当てて描いてもよい。
②内側の曲線は型紙を当てて描く。

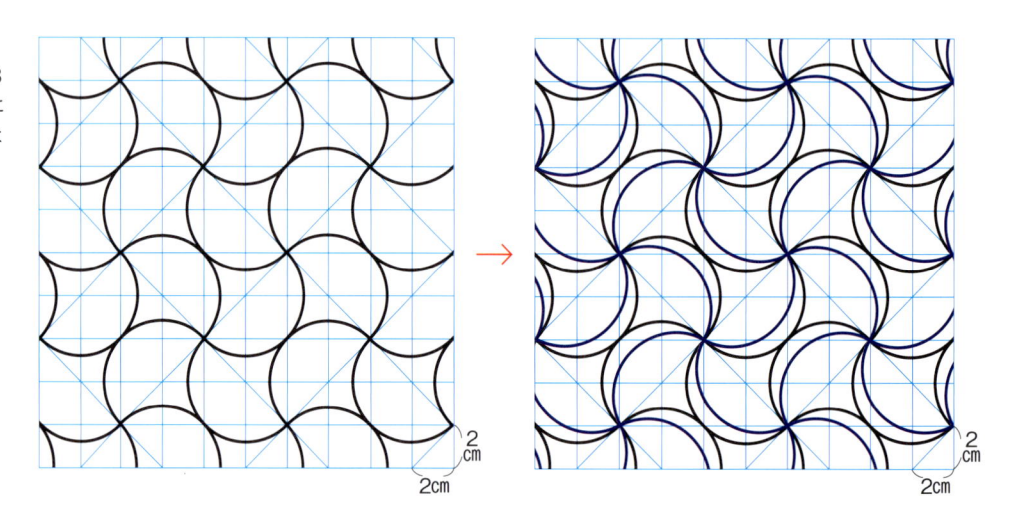

向かい亀甲　33ページ

2cm方眼の案内線を引き、縦2cm×横4cmの対角線を引く。図のように縦線と斜線を結びながら亀甲形を描く。①の縦線はさらしの間に糸を渡しながら刺し、②・③の順に刺す。

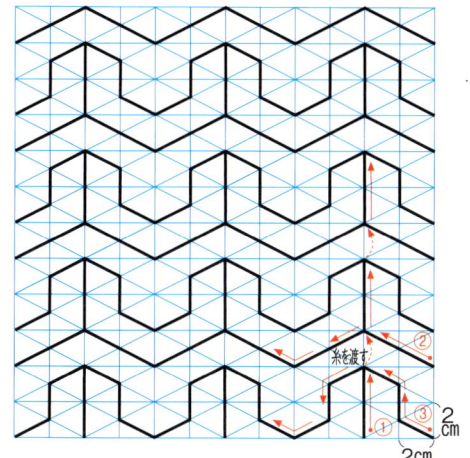

変わり矢羽根　34ページ

縦に3cmと1cmの案内線を引き、図のように模様を描く。①の縦線をさらしの間に糸を渡しながら刺し、②のように刺していく。

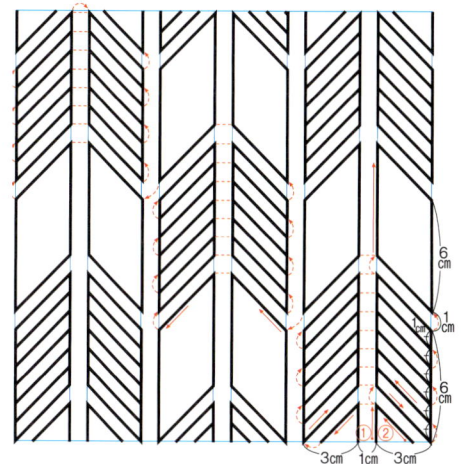

丸毘沙門　35ページ

斜眼紙を使って図のように模様を描く。①・②の順にふた模様ずつ刺す。模様が重なるところはさらしの間に糸を渡しながら刺す。

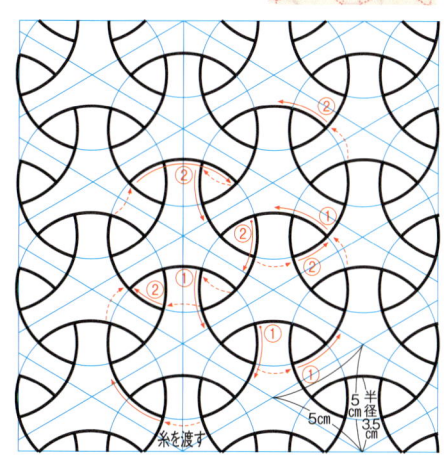

朝顔の製図の仕方

1 斜眼紙に一辺が10マス分の大きな三角形を描き、交点のまわりに6カ所ずつ点を打つ。

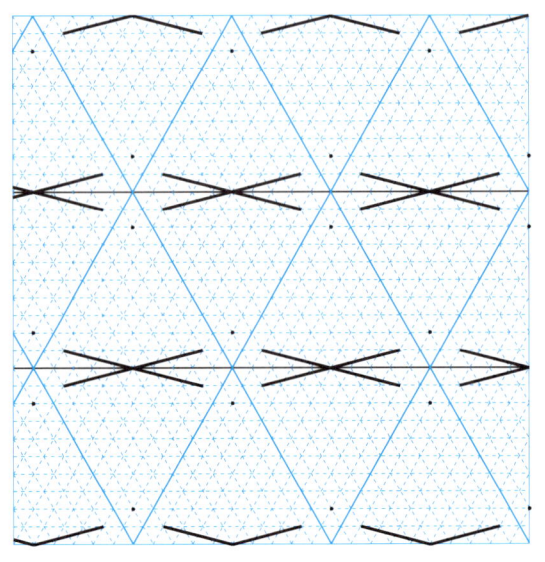

2 図のように横方向の点を×に結ぶ。

3 図のように右斜め方向の点を×に結ぶ。

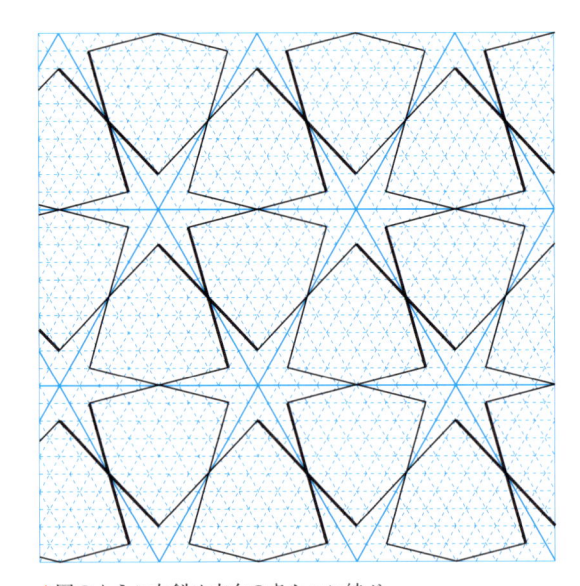

4 図のように左斜め方向の点を×に結ぶ。

斜眼紙

※角亀甲・朝顔・亀甲・六角つみ木・丸毘沙門に使えます

ふきんの仕立て方

・さらしはスチームアイロンをかけてから使います。

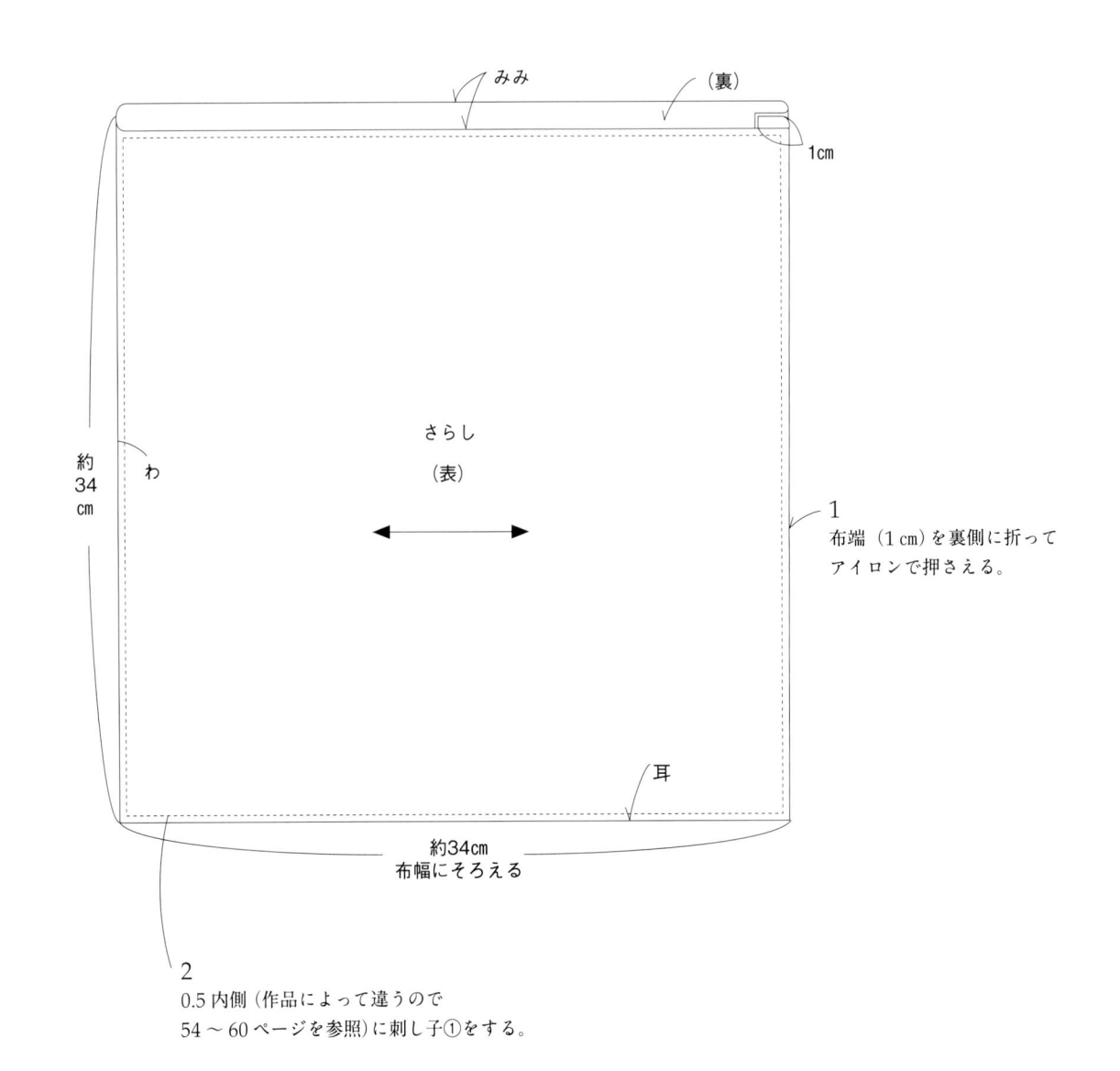

みみ　　　　（裏）

1cm

約
34
cm

わ

さらし

（表）

1
布端（1cm）を裏側に折って
アイロンで押さえる。

耳

約34cm
布幅にそろえる

2
0.5内側（作品によって違うので
54〜60ページを参照）に刺し子①をする。

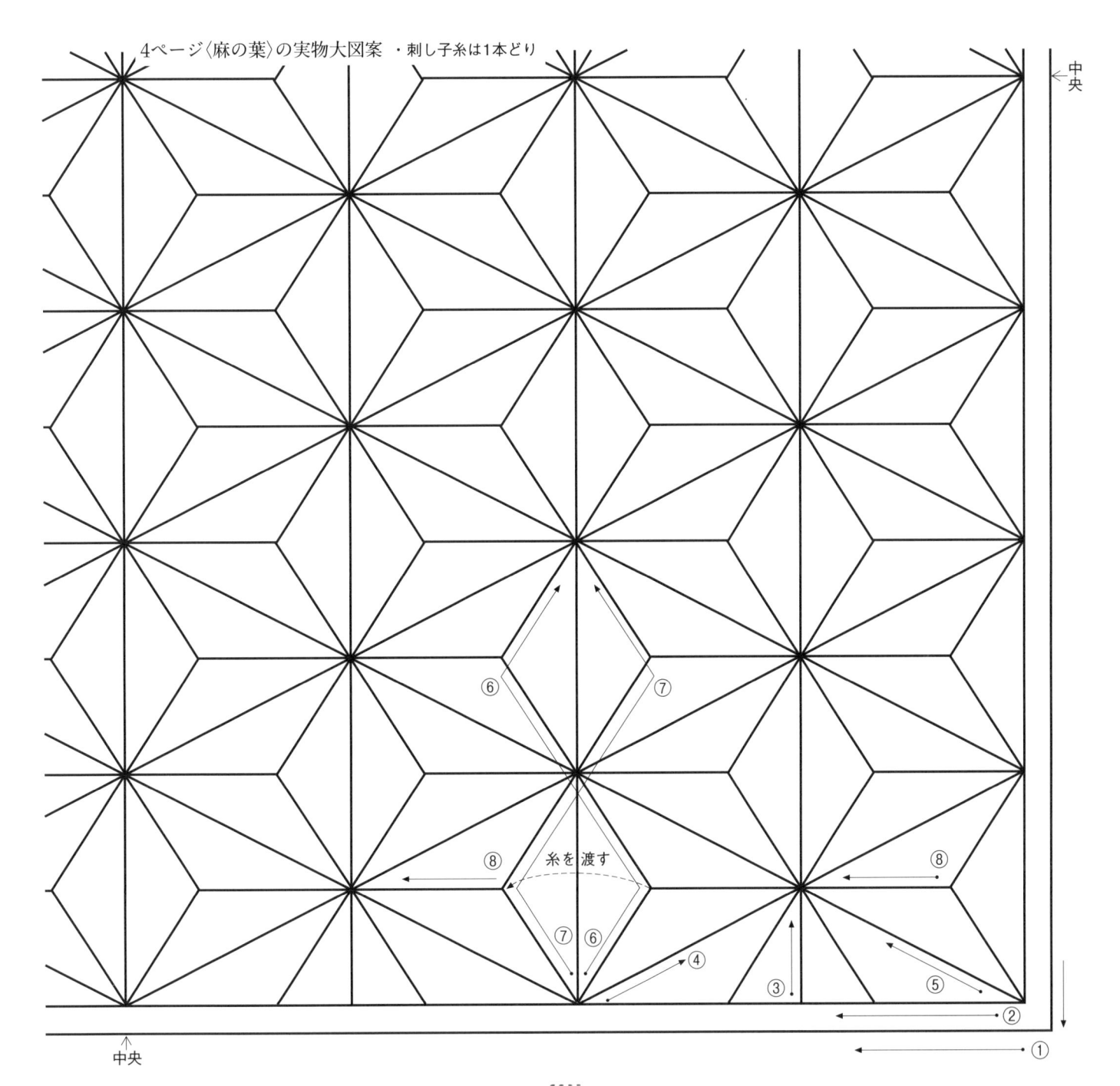

4ページ〈麻の葉〉の実物大図案 ・刺し子糸は1本どり

中央

糸を渡す

中央

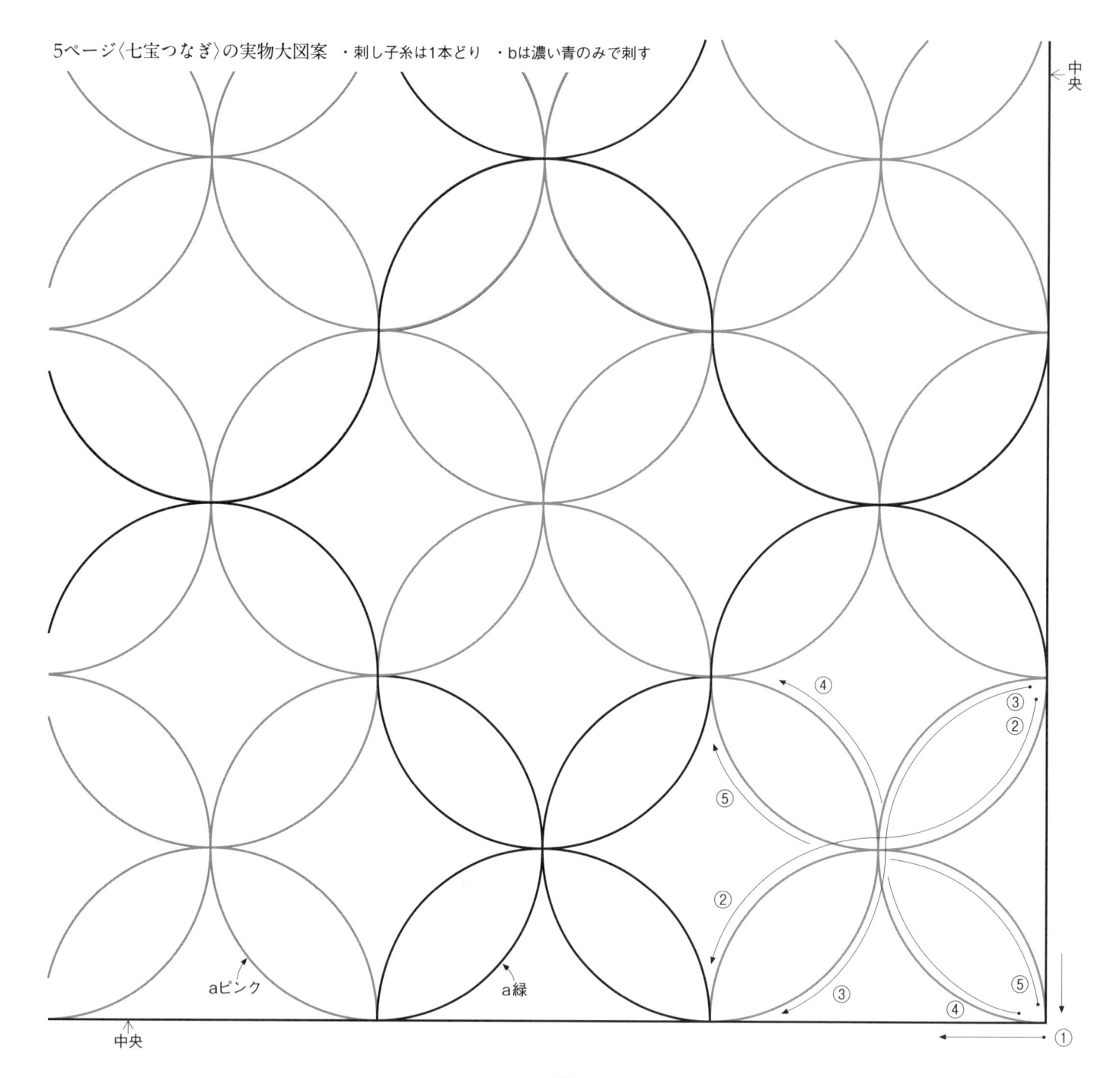

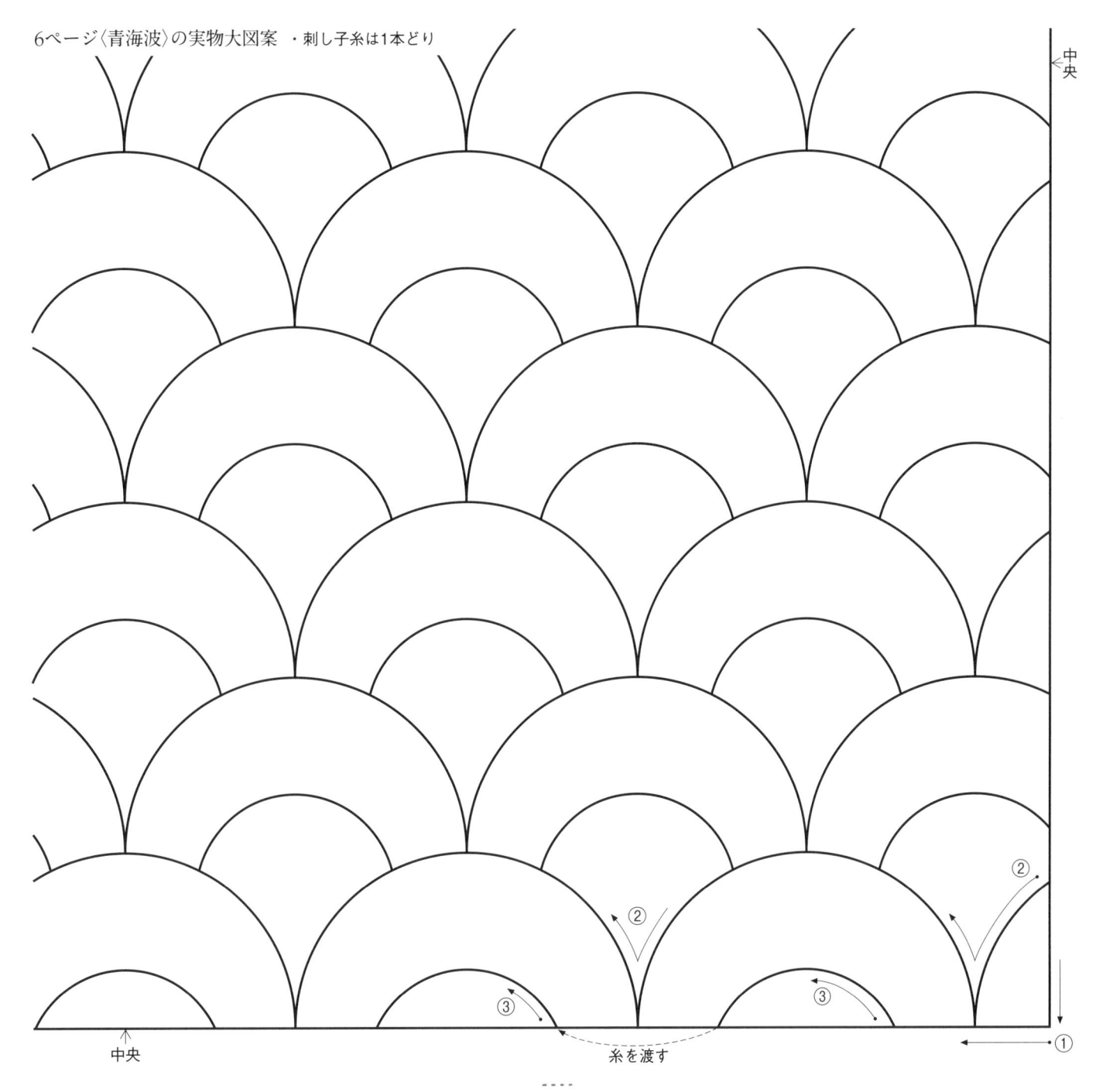

6ページ〈青海波〉の実物大図案 ・刺し子糸は1本どり

中央

② ②

③ ③

中央

糸を渡す

①

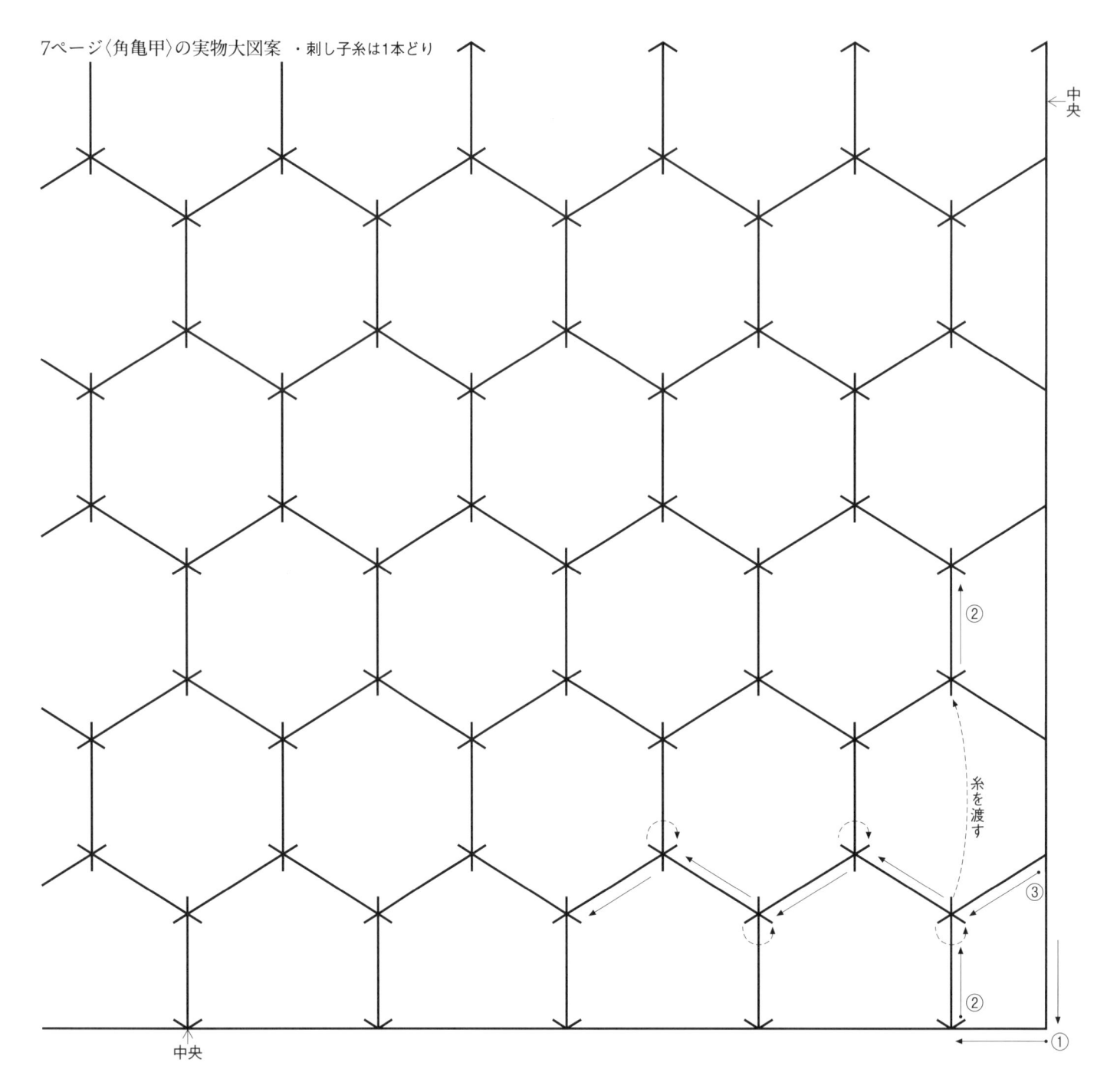

7ページ〈角亀甲〉の実物大図案 ・刺し子糸は1本どり

中央

8ページ〈十字つなぎ〉の実物大図案 ・刺し子糸は1本どり

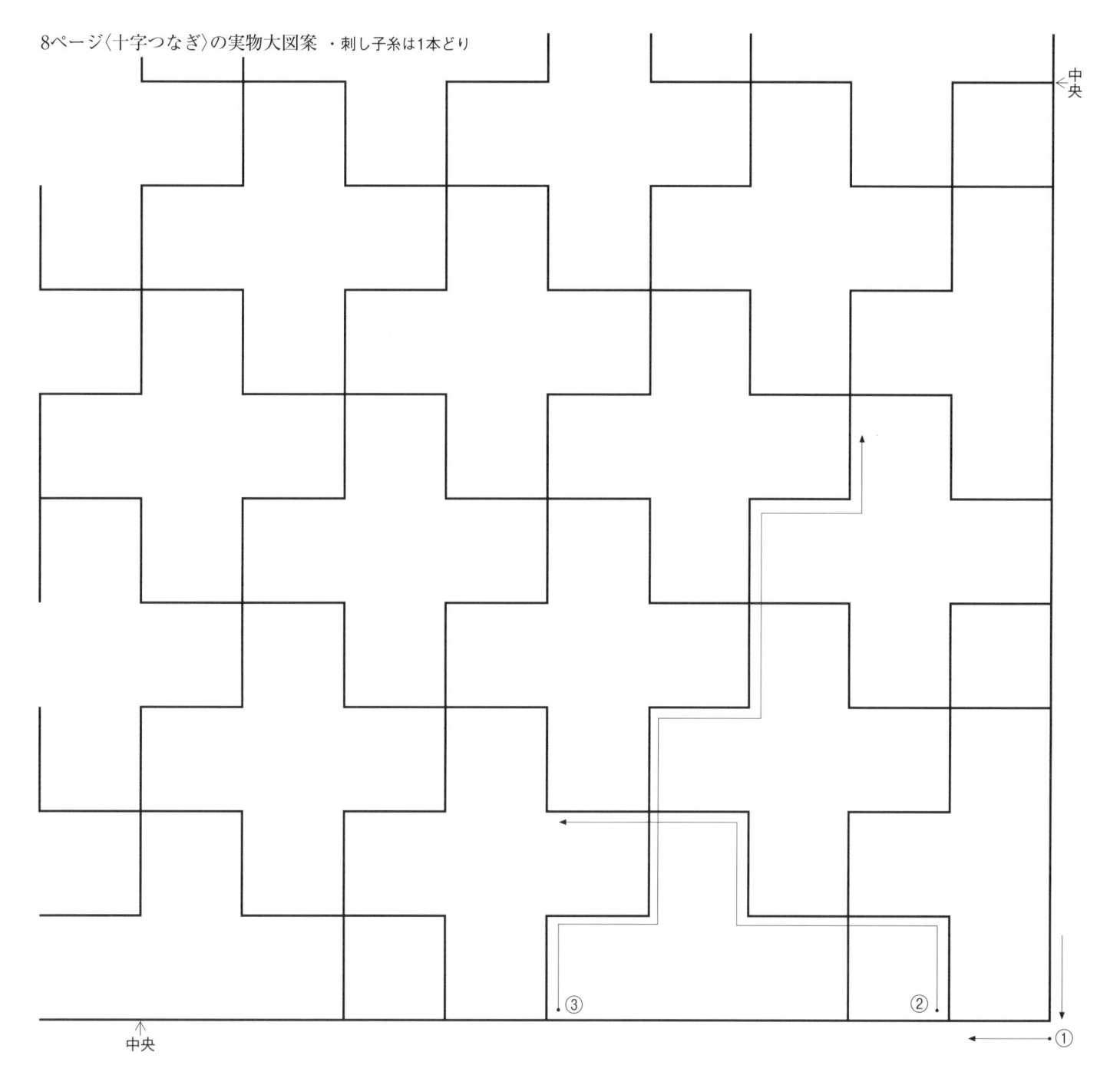

中央

中央

①
②
③

85

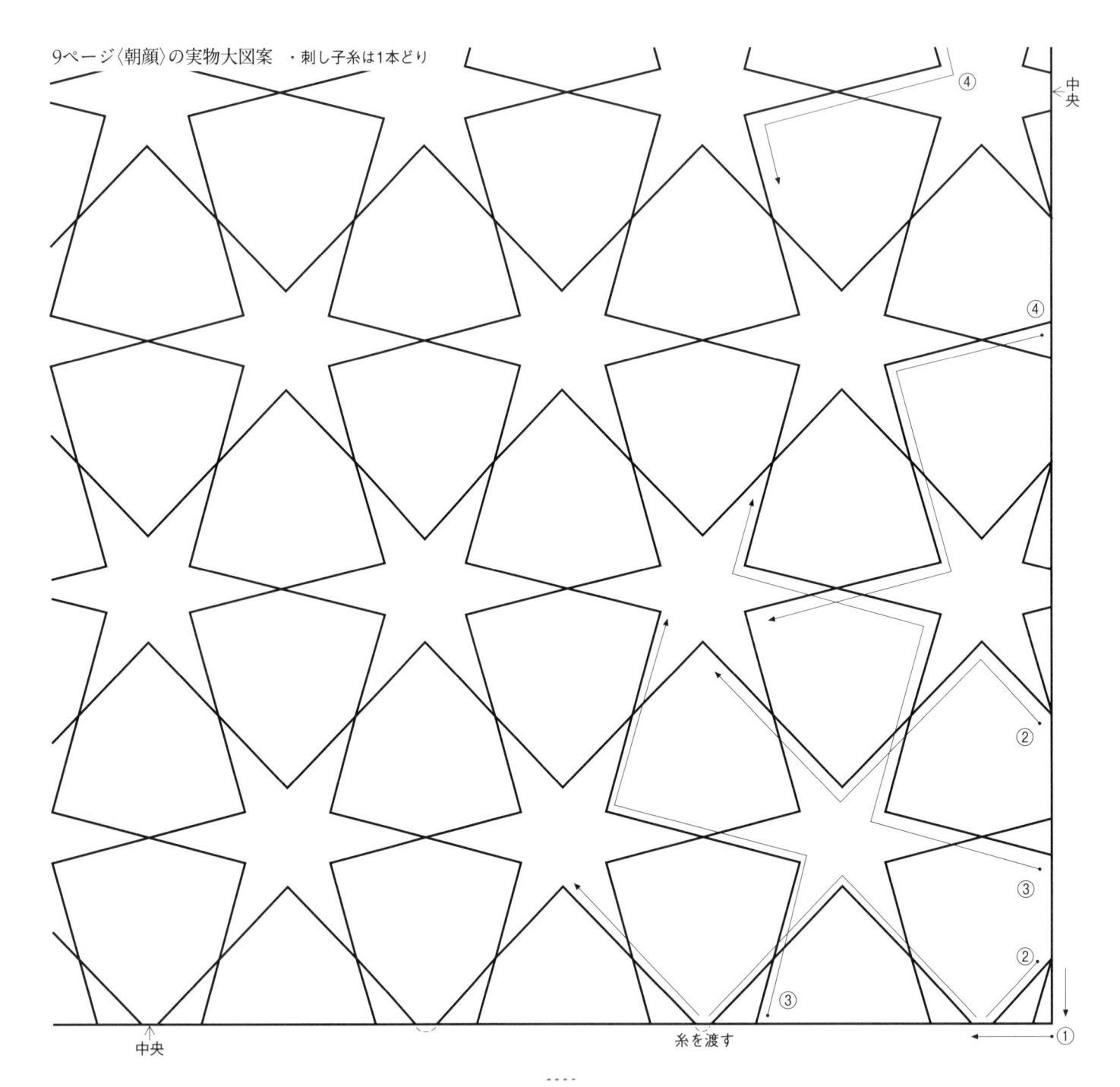

9ページ〈朝顔〉の実物大図案　・刺し子糸は1本どり

中央

④

④

②

③

②

糸を渡す

①

中央

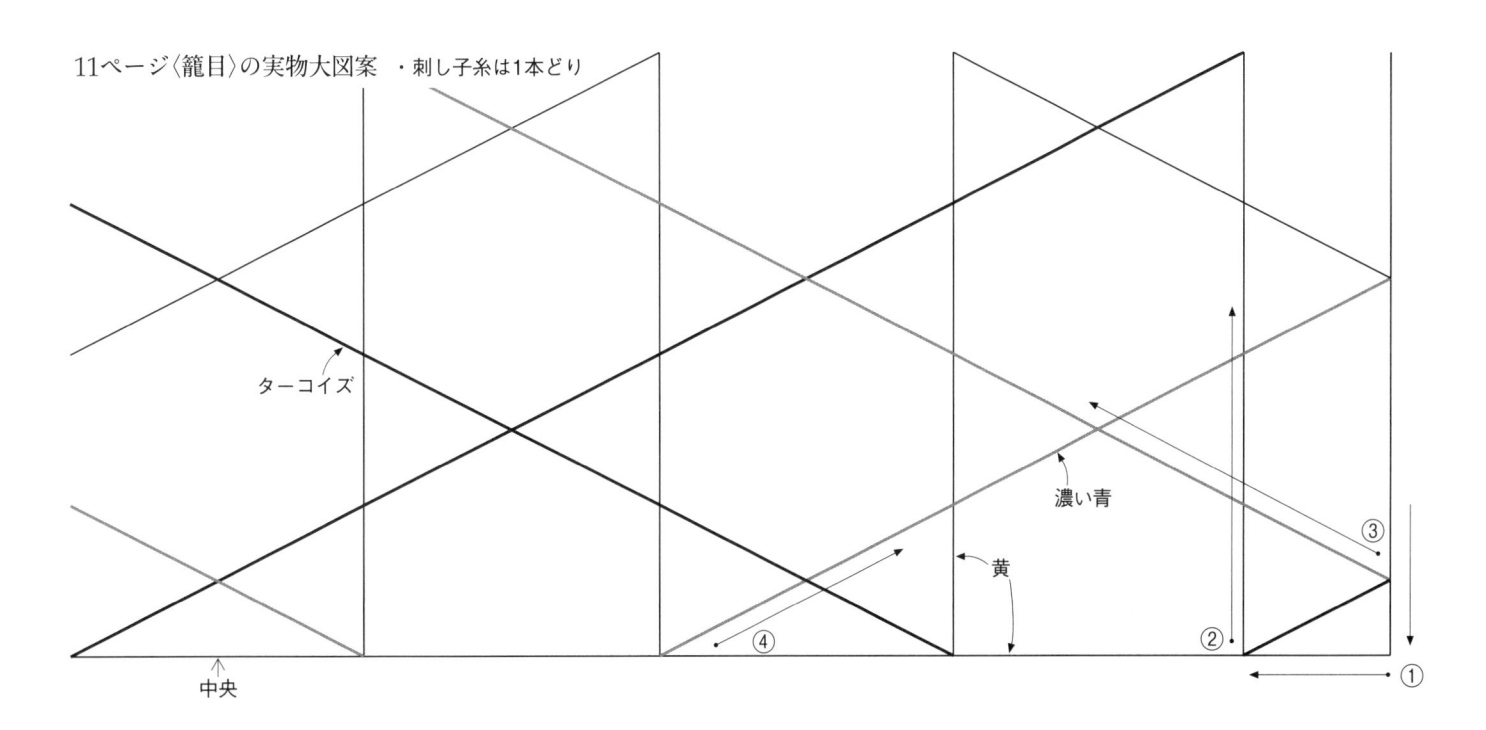

11ページ〈籠目〉の実物大図案 ・刺し子糸は1本どり

ターコイズ

濃い青

黄

中央

①

②

③

④

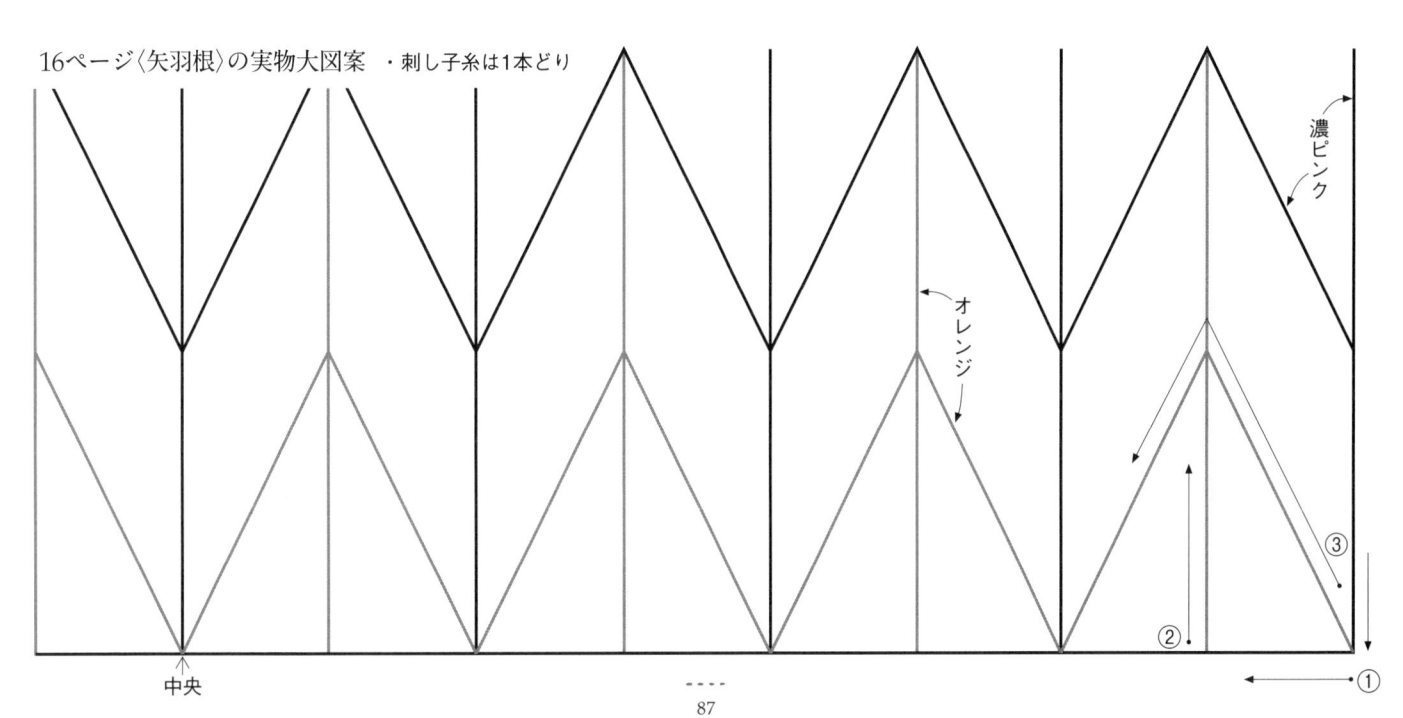

16ページ〈矢羽根〉の実物大図案 ・刺し子糸は1本どり

濃ピンク

オレンジ

中央

①

②

③

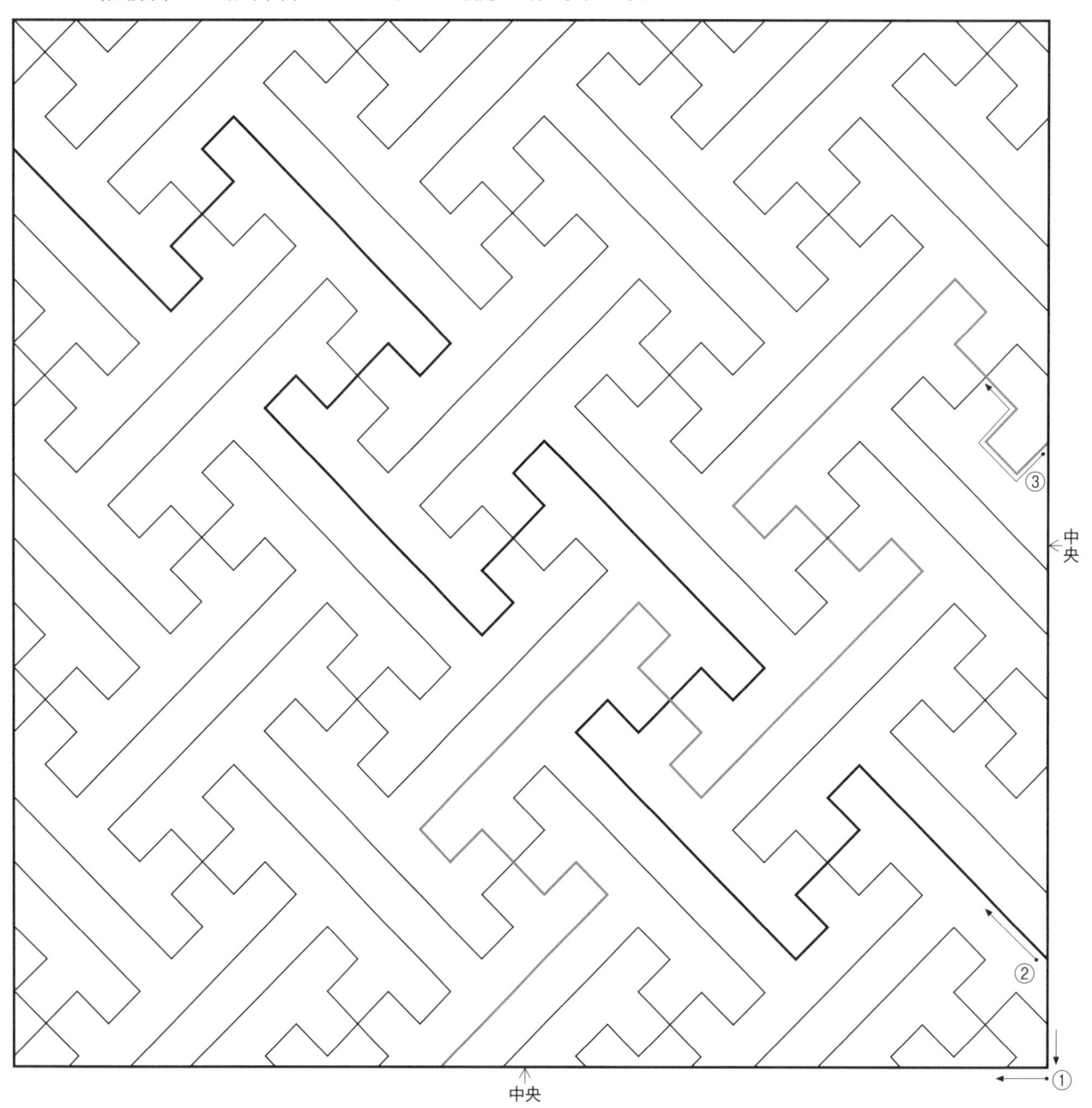

中央

中央

①

②

③

10ページ〈紗綾形〉の実物大図案　・刺し子糸は1本どり

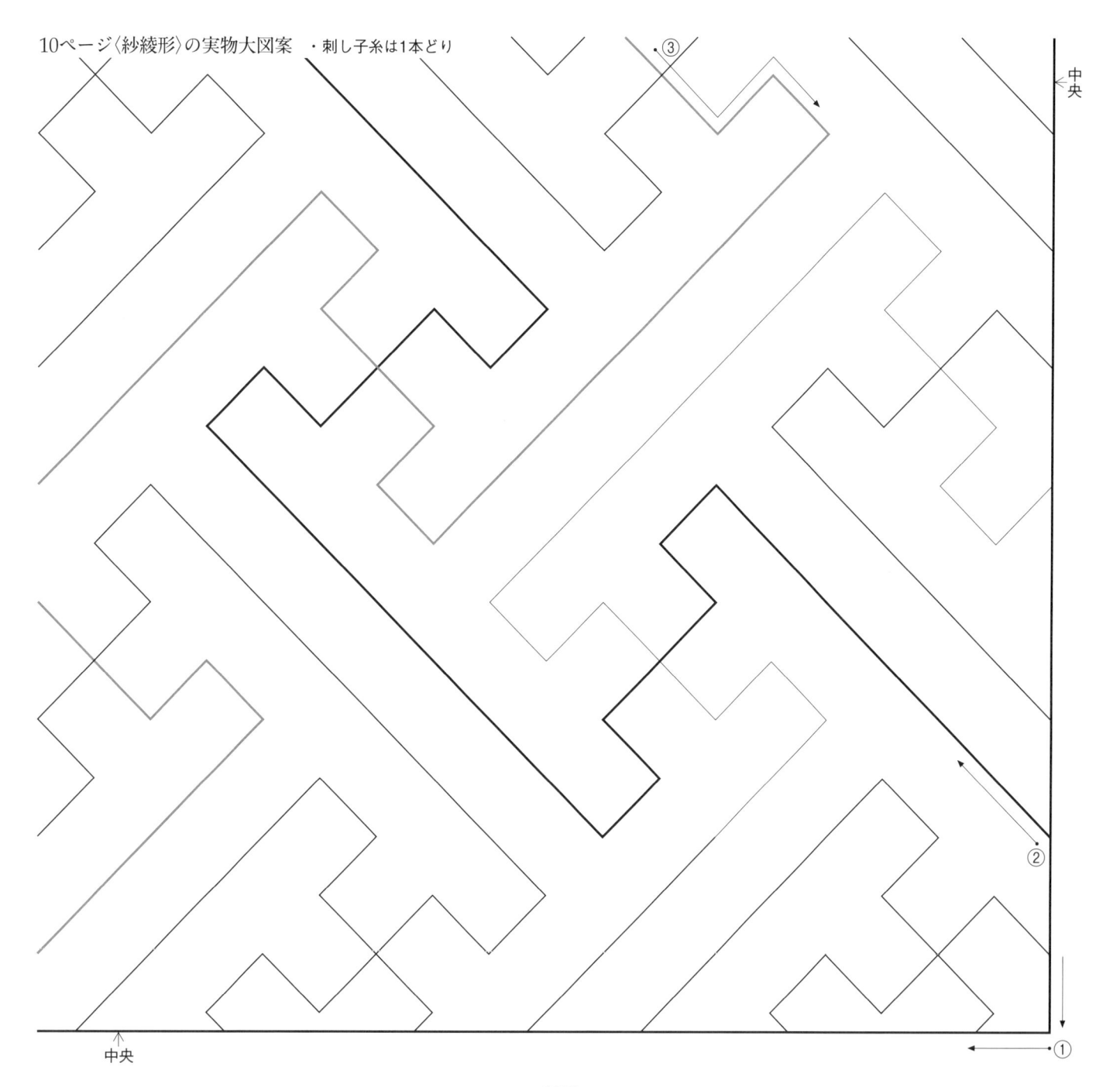

中央

中央

①
②
③

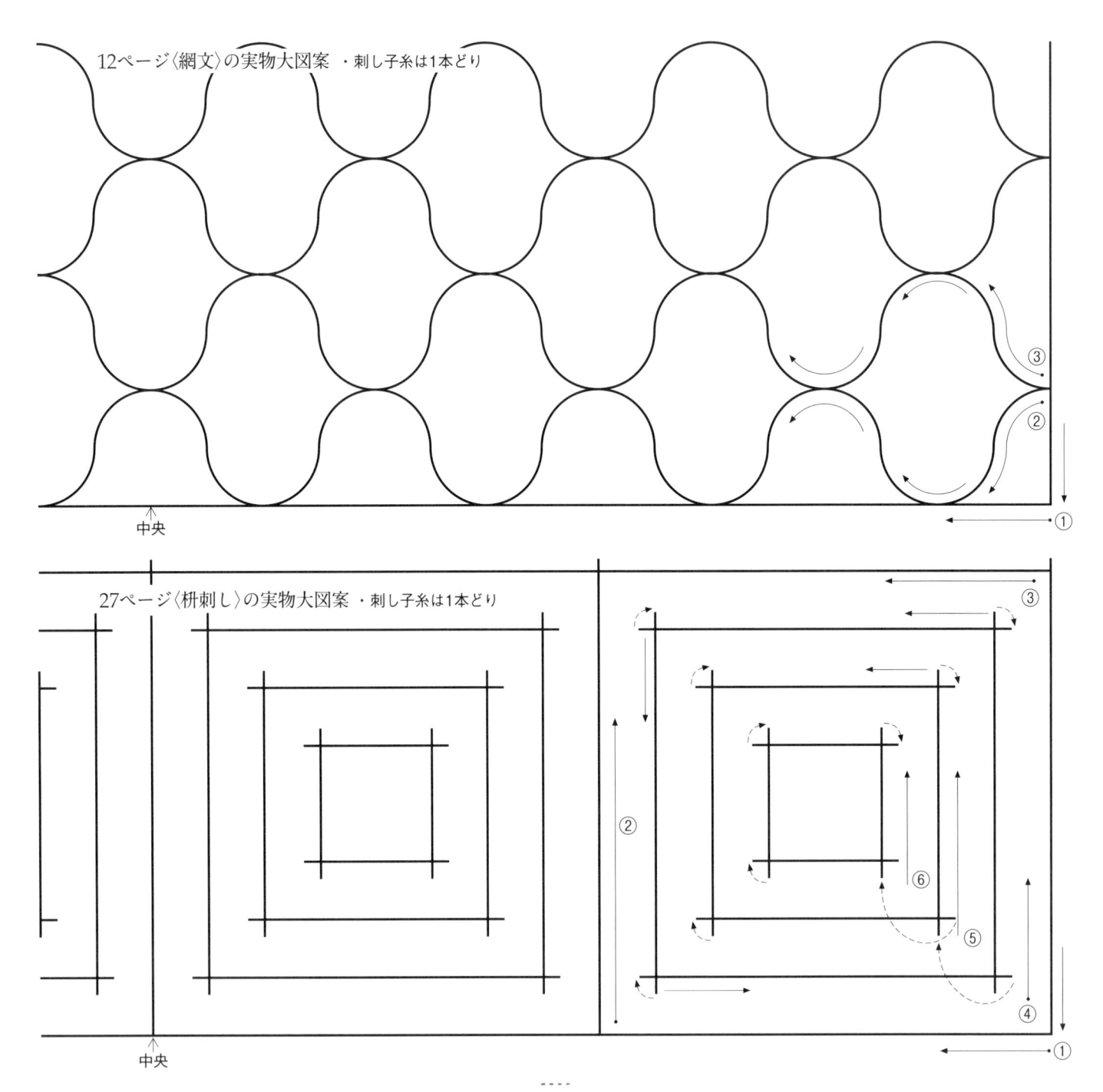

12ページ〈網文〉の実物大図案　・刺し子糸は1本どり

中央

③　②　①

27ページ〈枡刺し〉の実物大図案　・刺し子糸は1本どり

中央

③　②　⑥　⑤　④　①

90

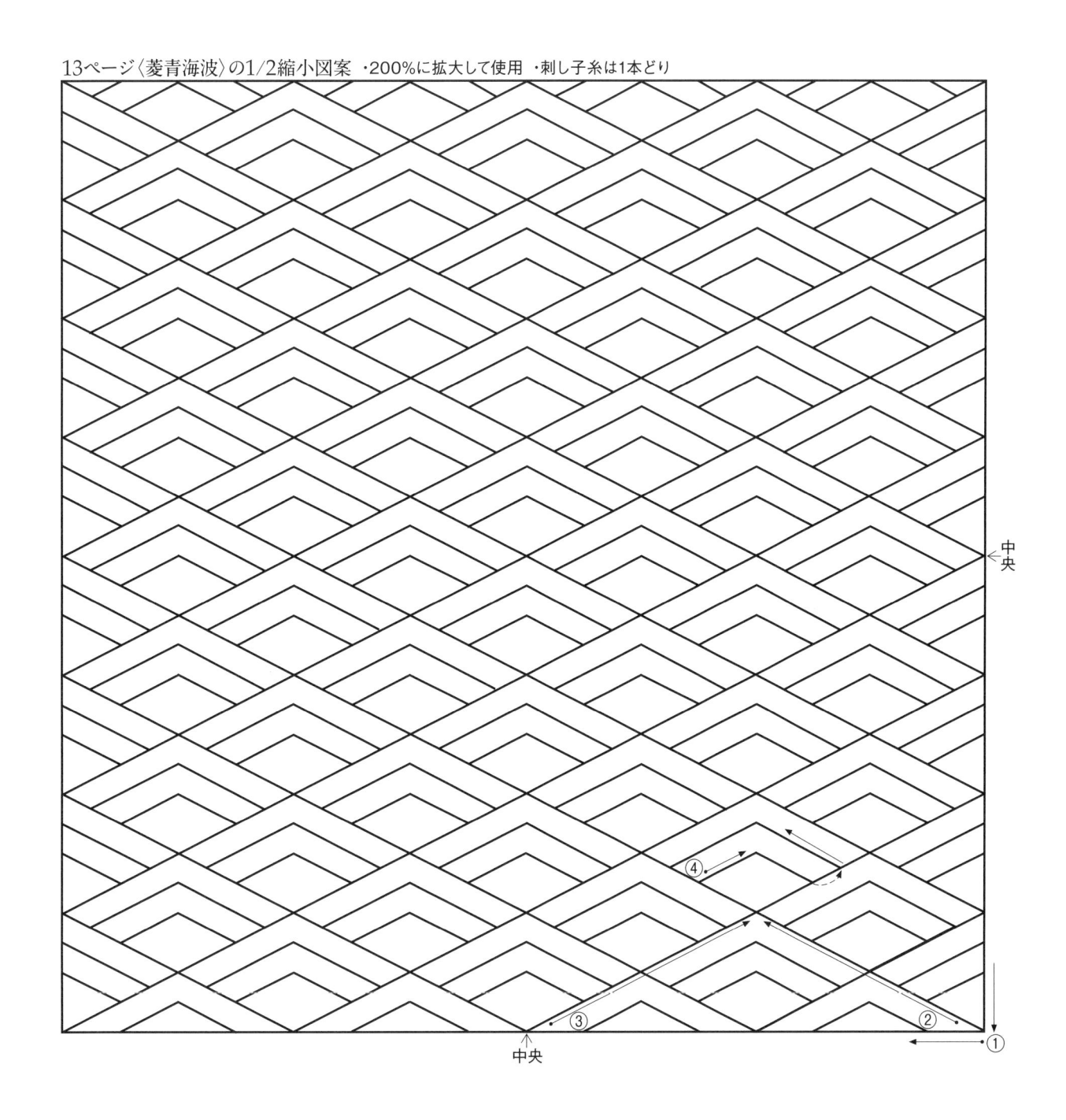

中央

中央

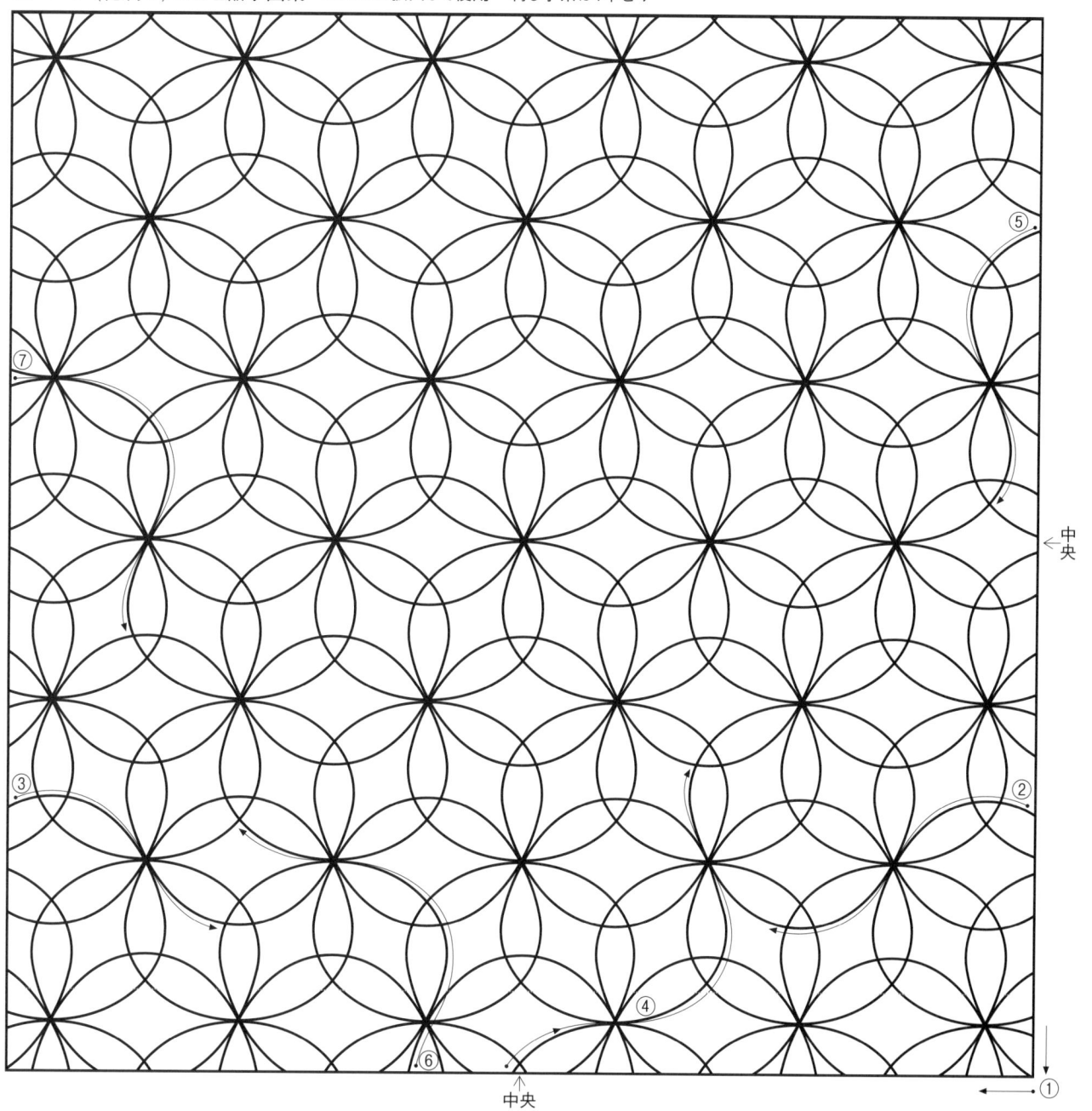

中央

中央

①
②
③
④
⑤
⑥
⑦

17ページ〈結び亀甲〉の実物大図案　・刺し子糸は1本どり

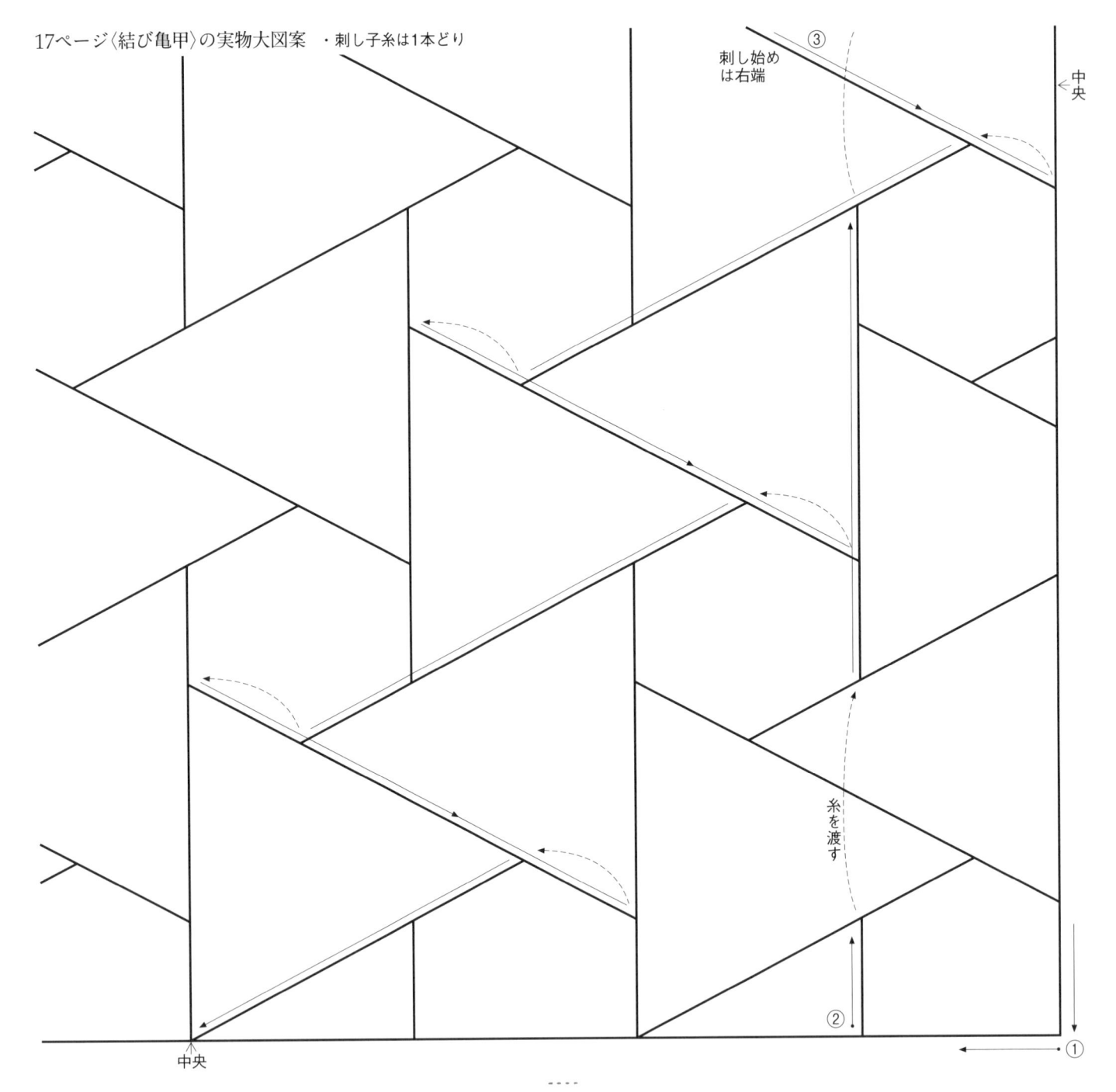

刺し始め
は右端

中央

糸を渡す

中央

①
②
③

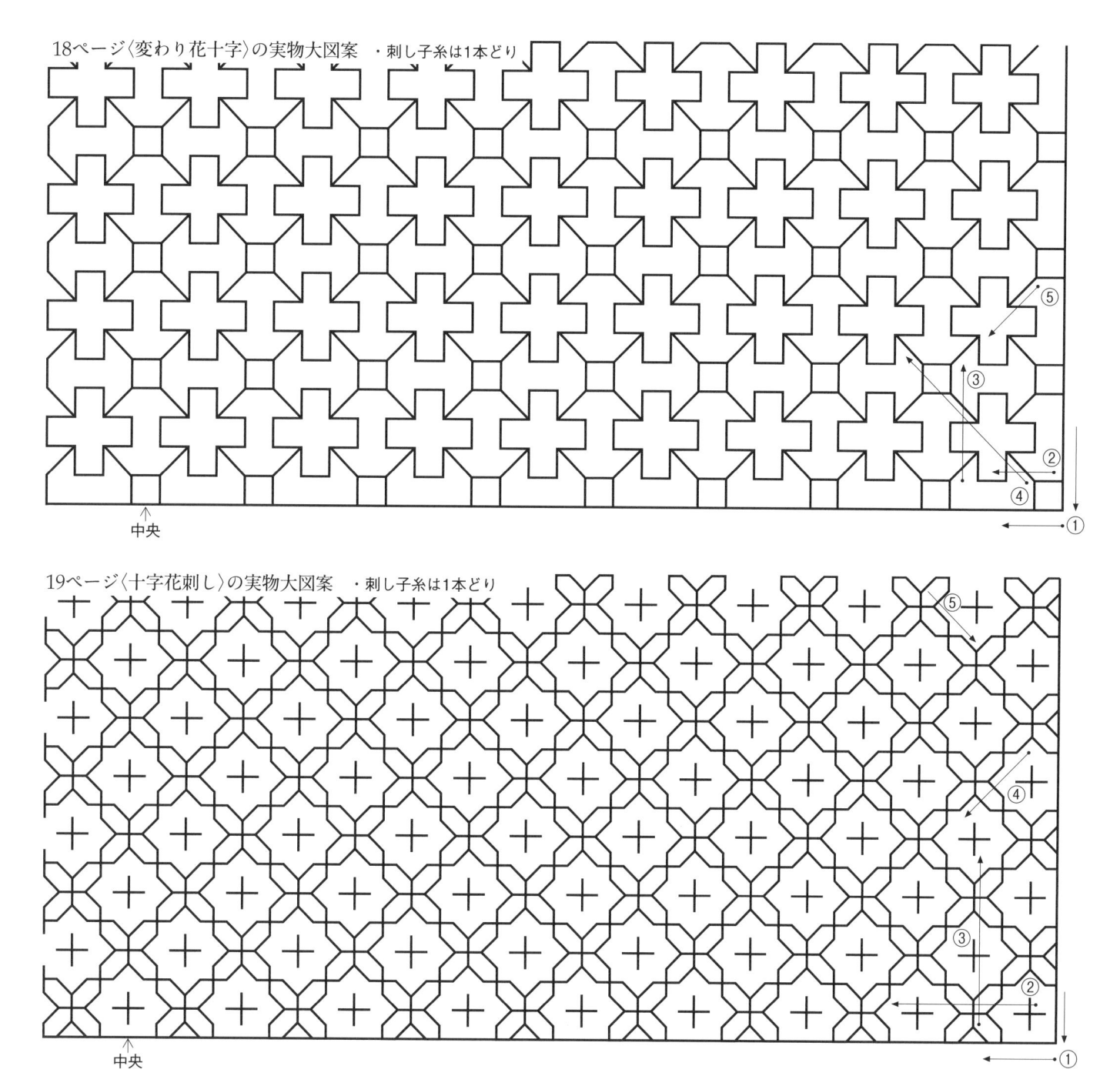

18ページ〈変わり花十字〉の実物大図案　・刺し子糸は1本どり

中央

19ページ〈十字花刺し〉の実物大図案　・刺し子糸は1本どり

中央

20ページ〈籠目の一目刺し〉の実物大図案 ・刺し子糸は1本どり

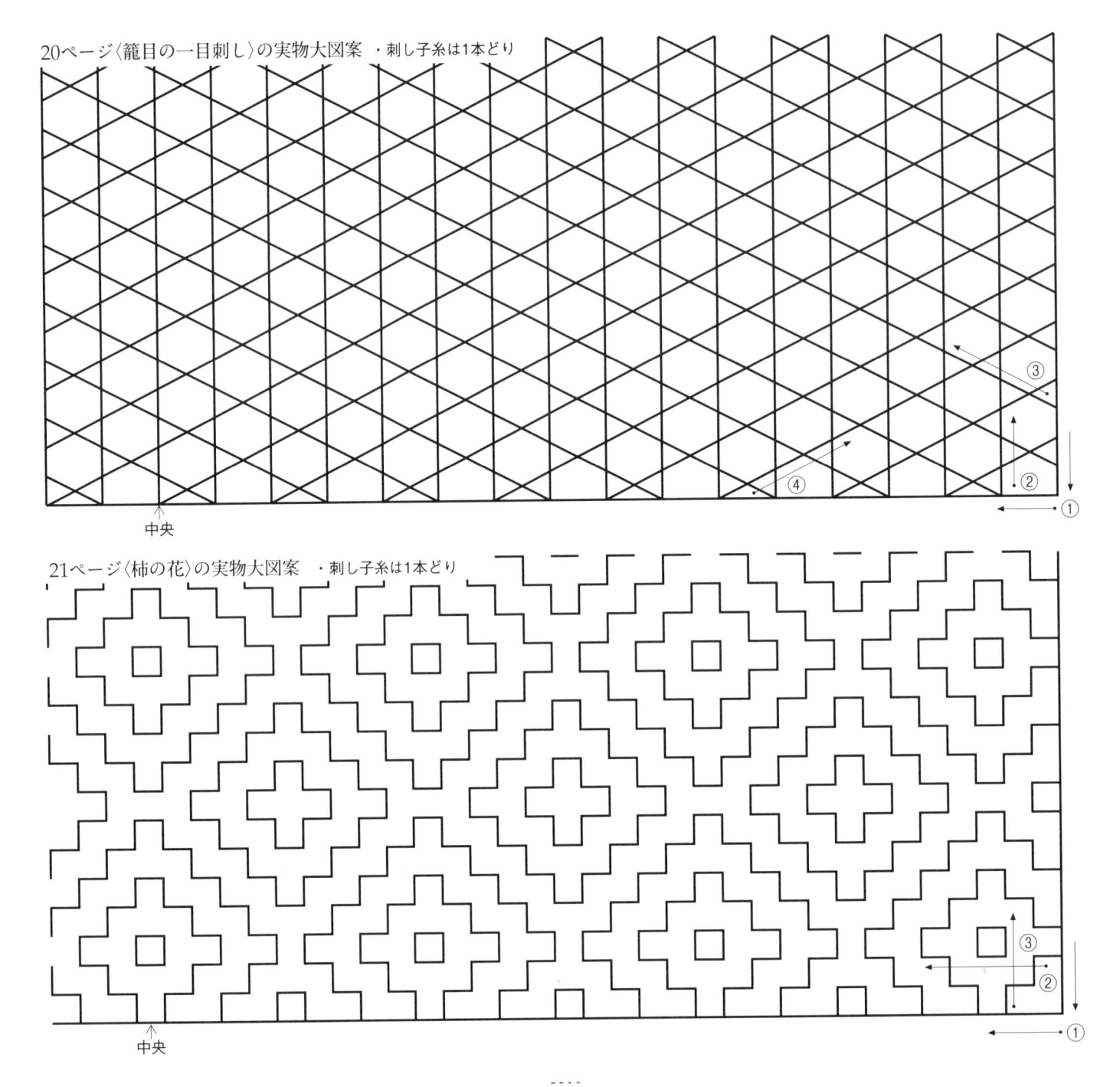

中央

③ ② ①
④

21ページ〈柿の花〉の実物大図案 ・刺し子糸は1本どり

中央

③ ② ①

22ページ〈重ね枡刺し〉の実物大図案 ・刺し子糸は1本どり

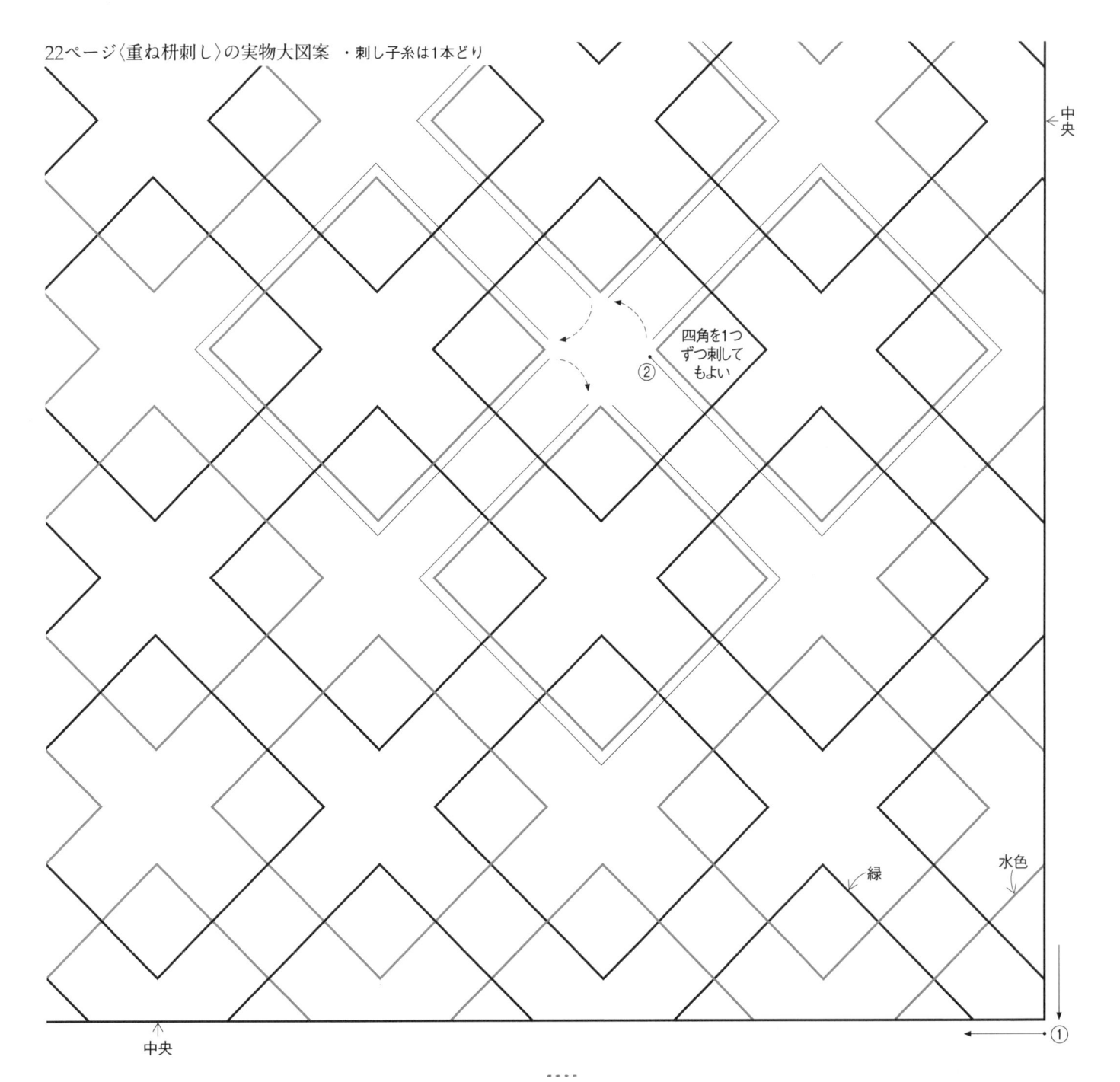

中央

四角を1つ
ずつ刺して
もよい
②

緑

水色

①

中央

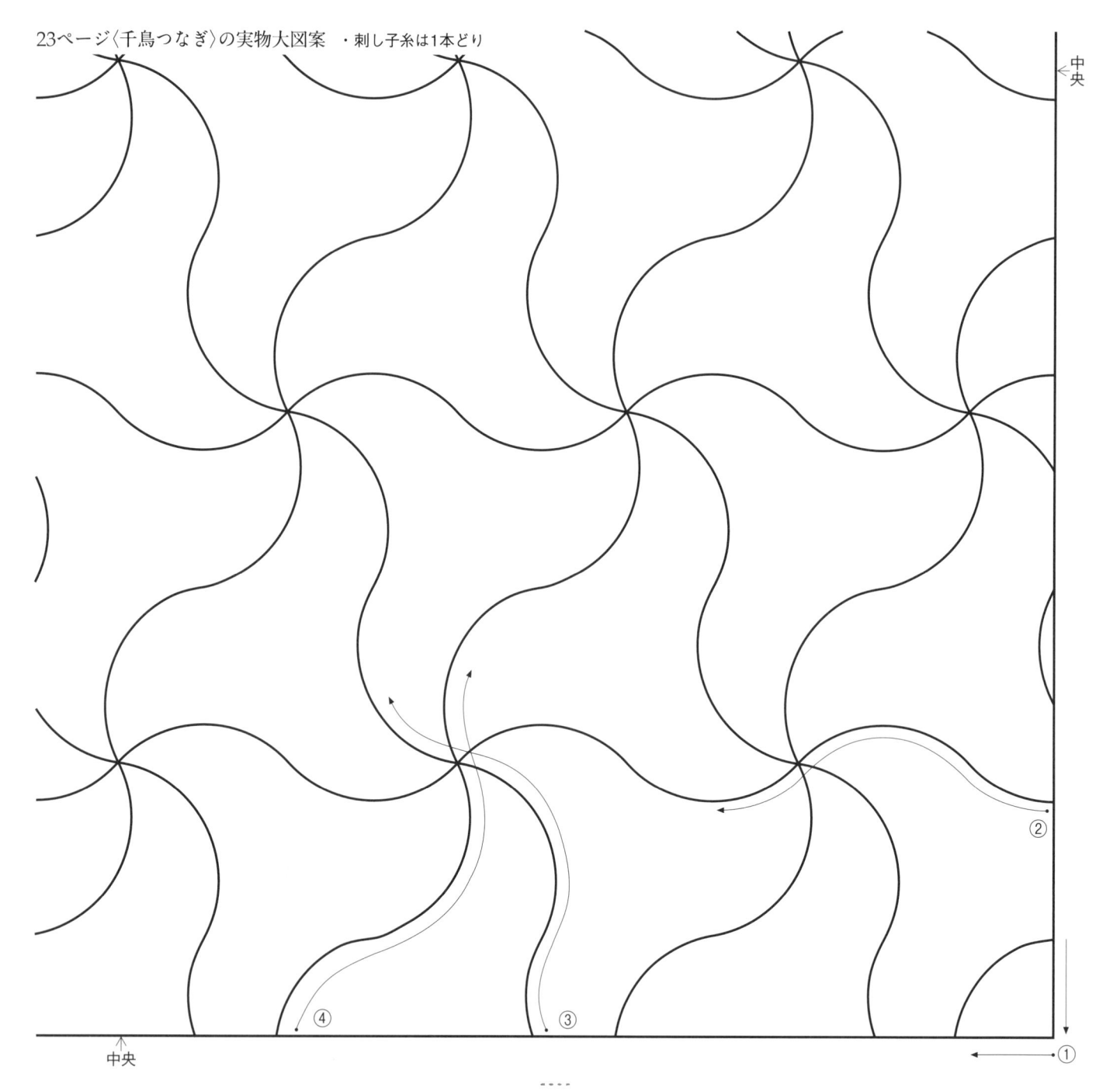

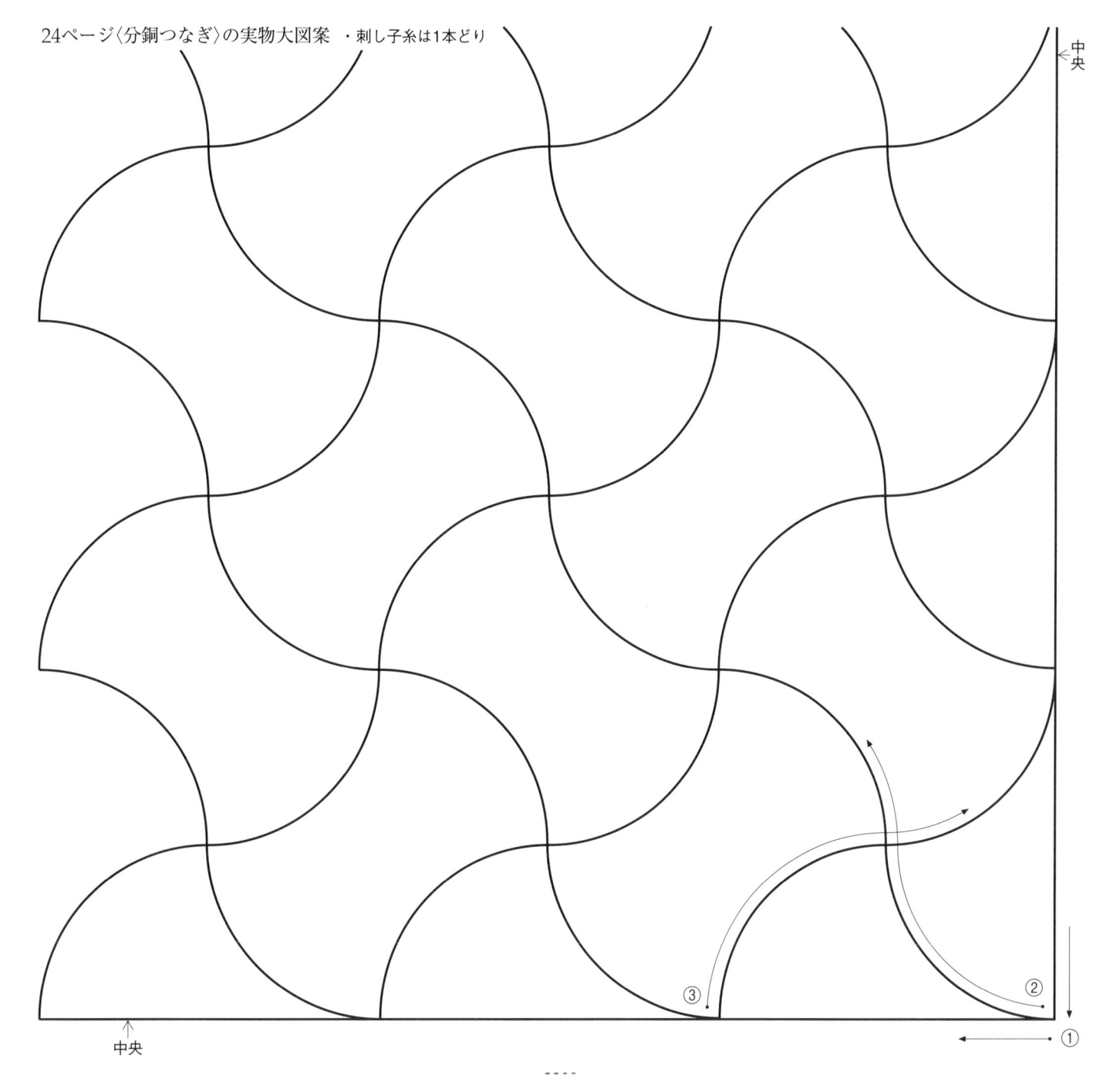

24ページ〈分銅つなぎ〉の実物大図案 ・刺し子糸は1本どり

中央

中央

①

②

③

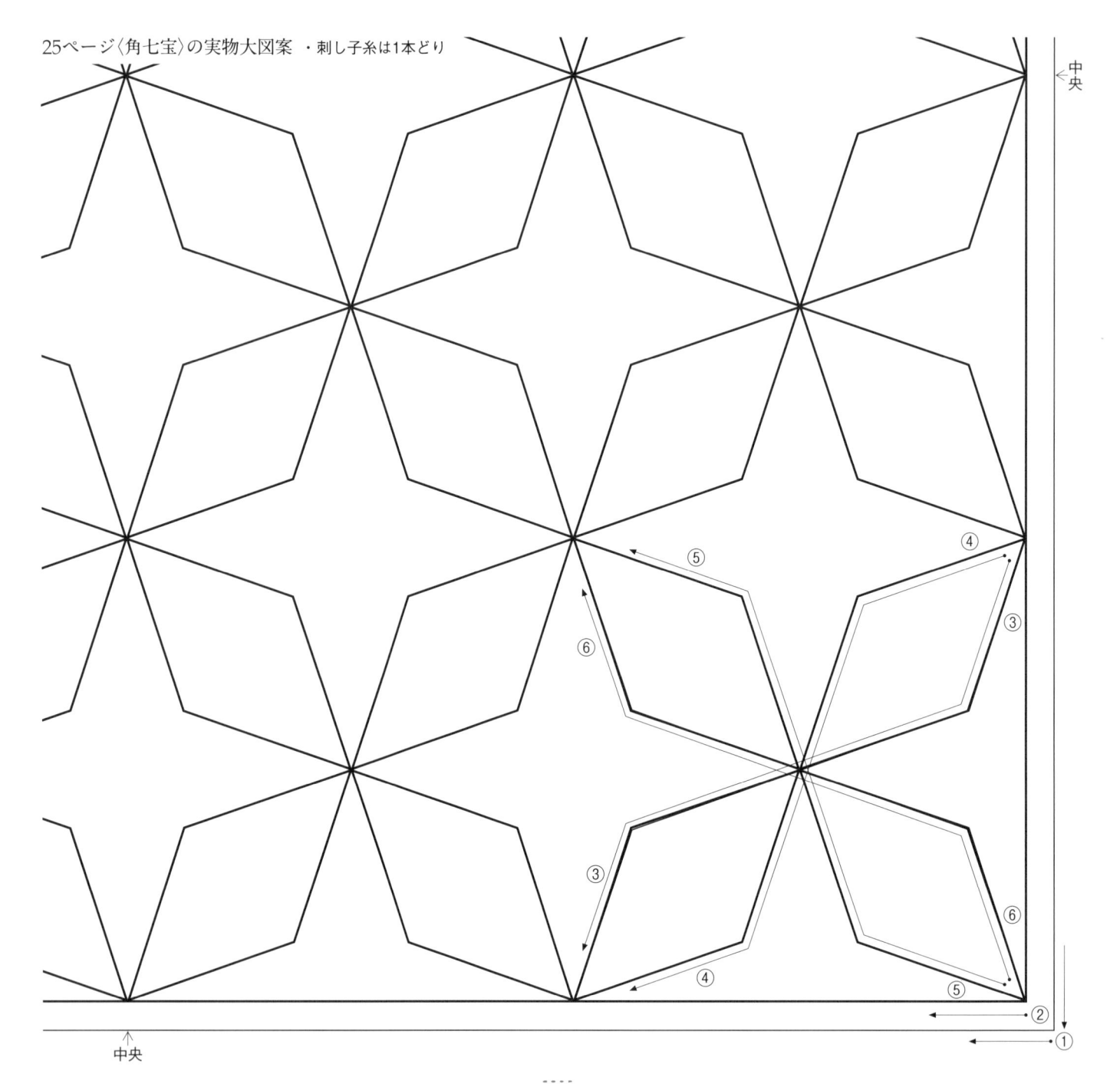

26ページ〈昆沙門亀甲〉の実物大図案 ・刺し子糸は1本どり

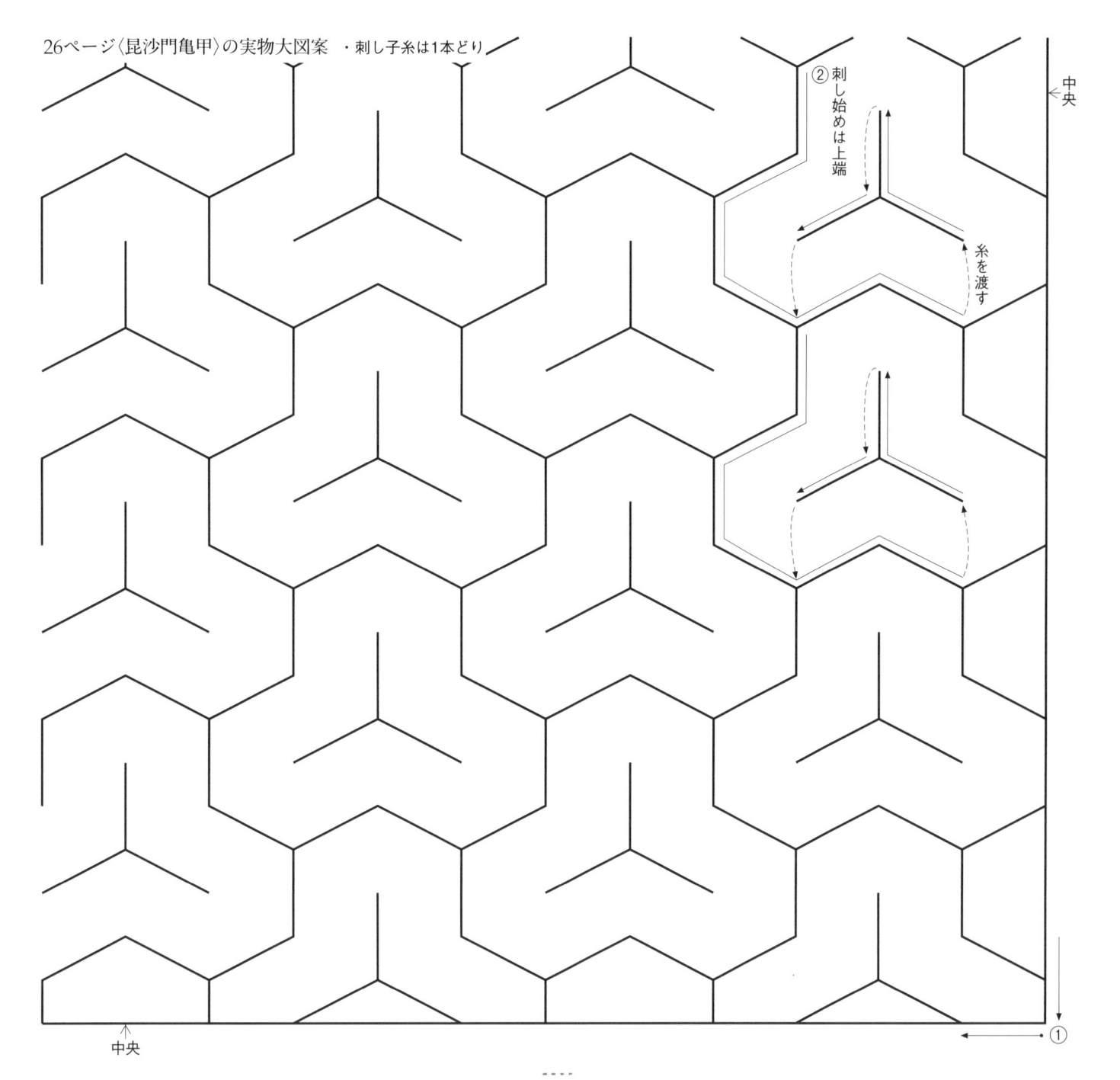

②刺し始めは上端

糸を渡す

中央

中央

①

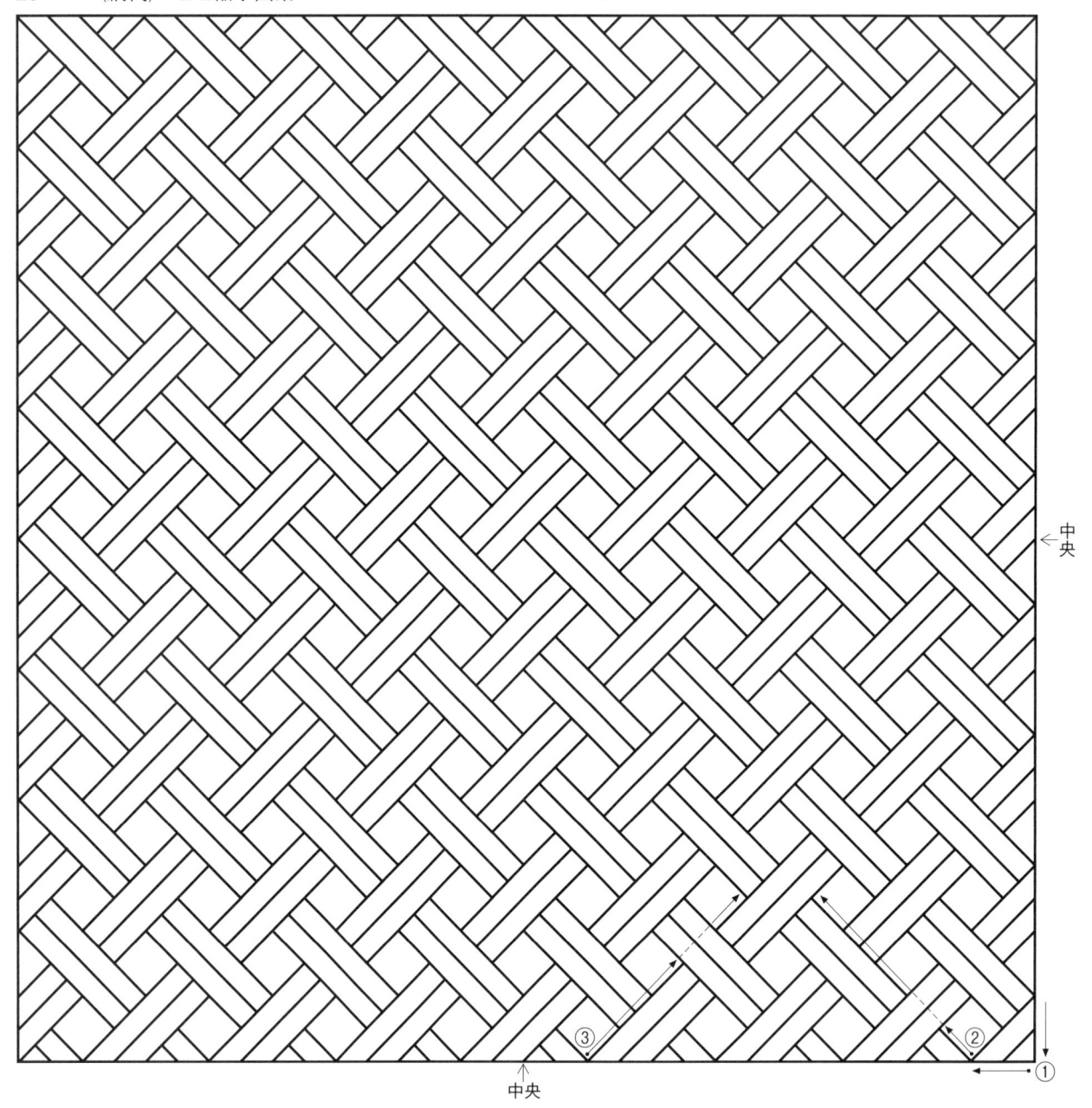

中央

中央

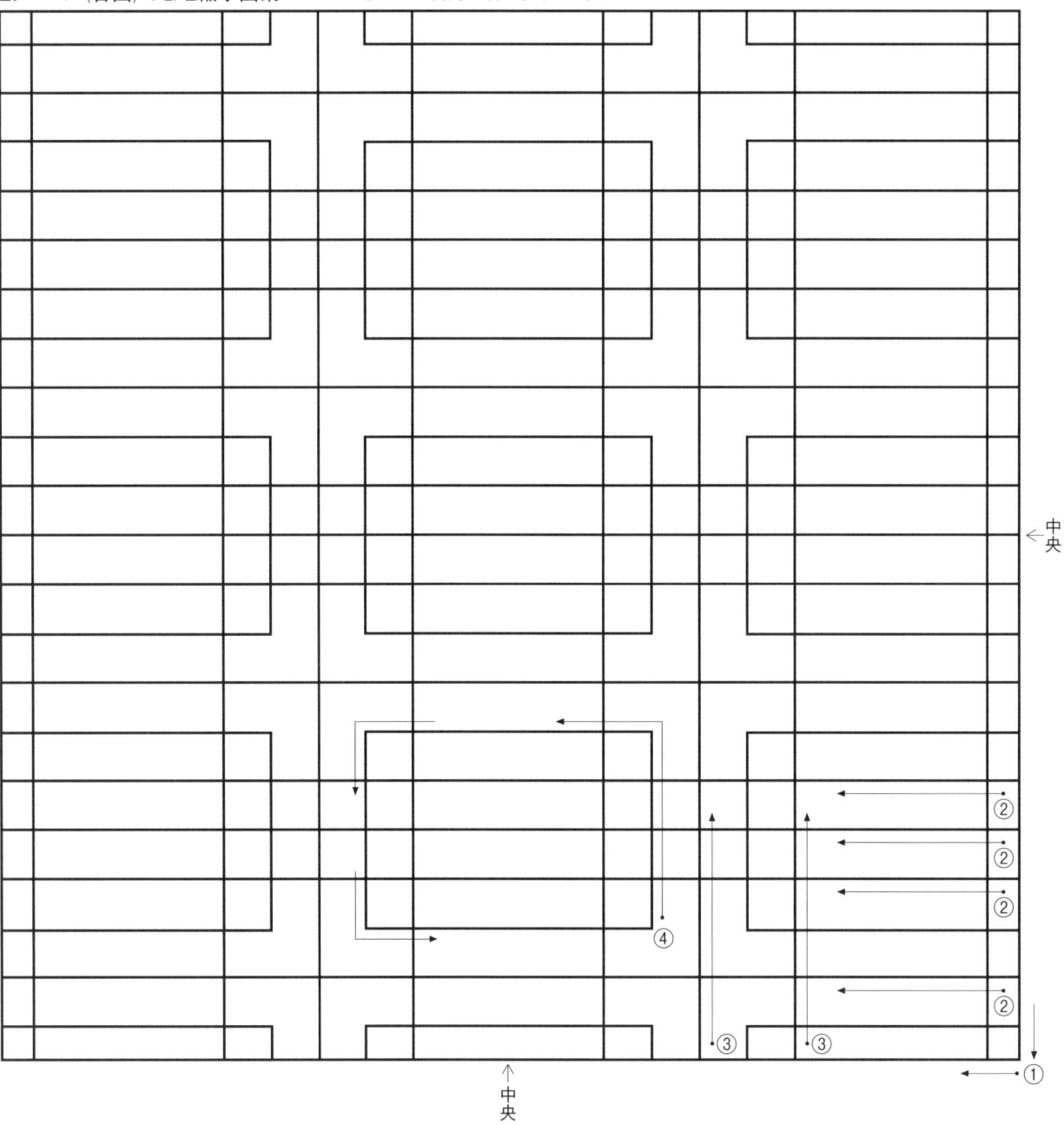

←中央

↑中央

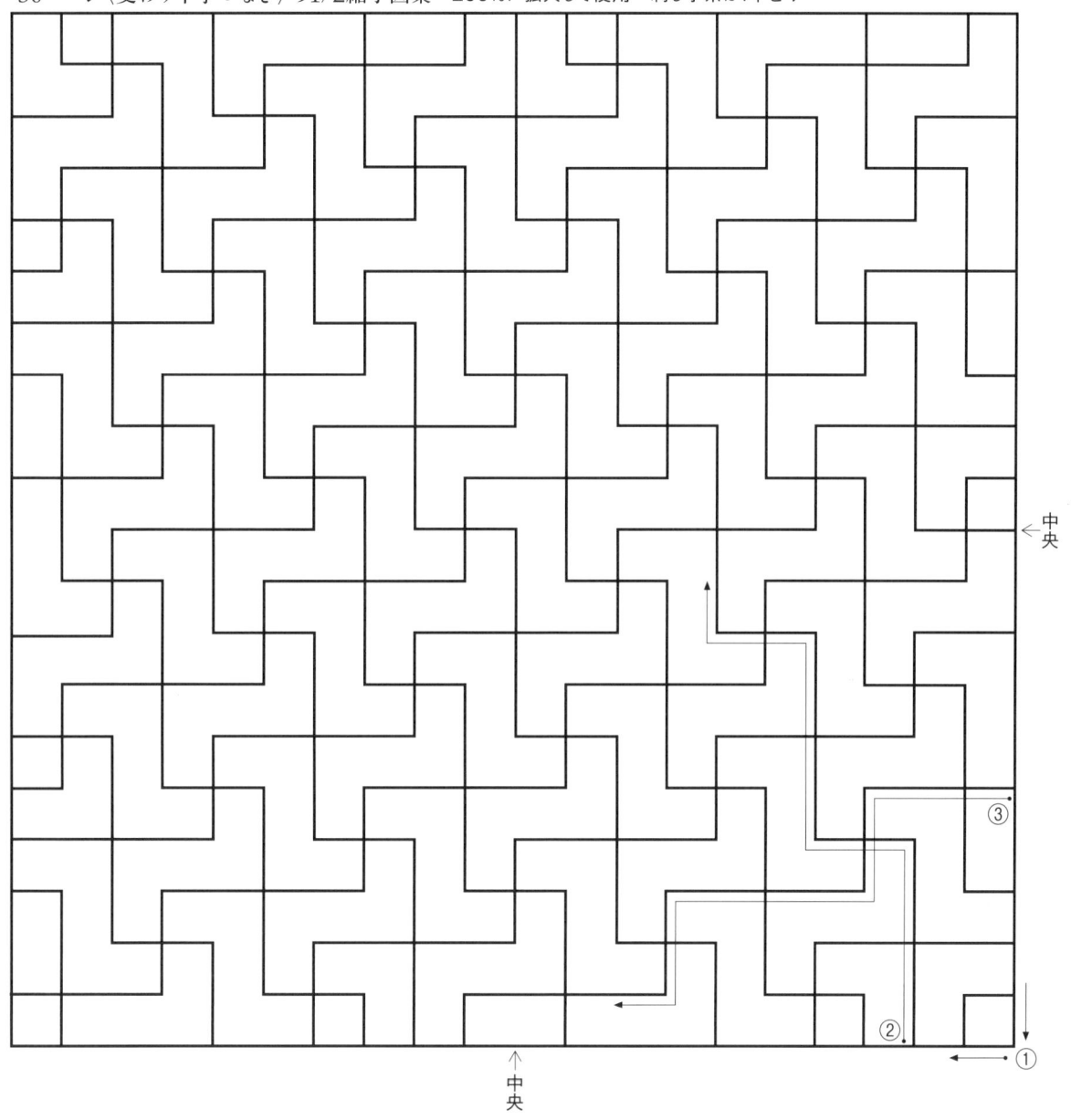

←中央

↑
中央

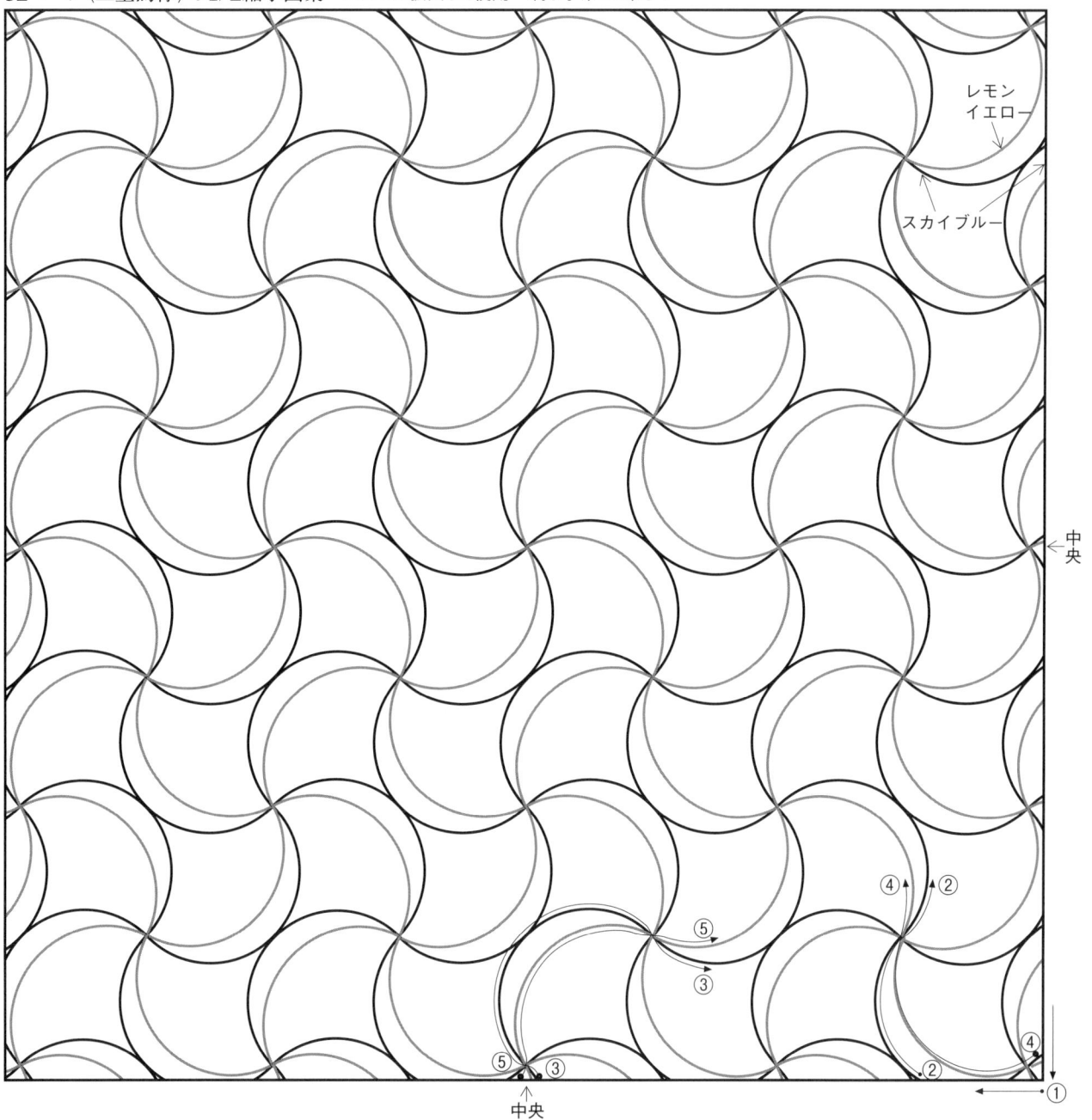

レモン
イエロー

スカイブルー

中央

中央

33ページ〈向かい亀甲〉の1/2縮小図案　・200%に拡大して使用　・刺し子糸は1本どり

中央

中央

③

②　④　①

中央

中央

②

③

①

中央

中央

糸を渡す

36ページ〈クロス〉の1/2縮小図案 ・200%に拡大して使用 ・刺し子糸は1本どり

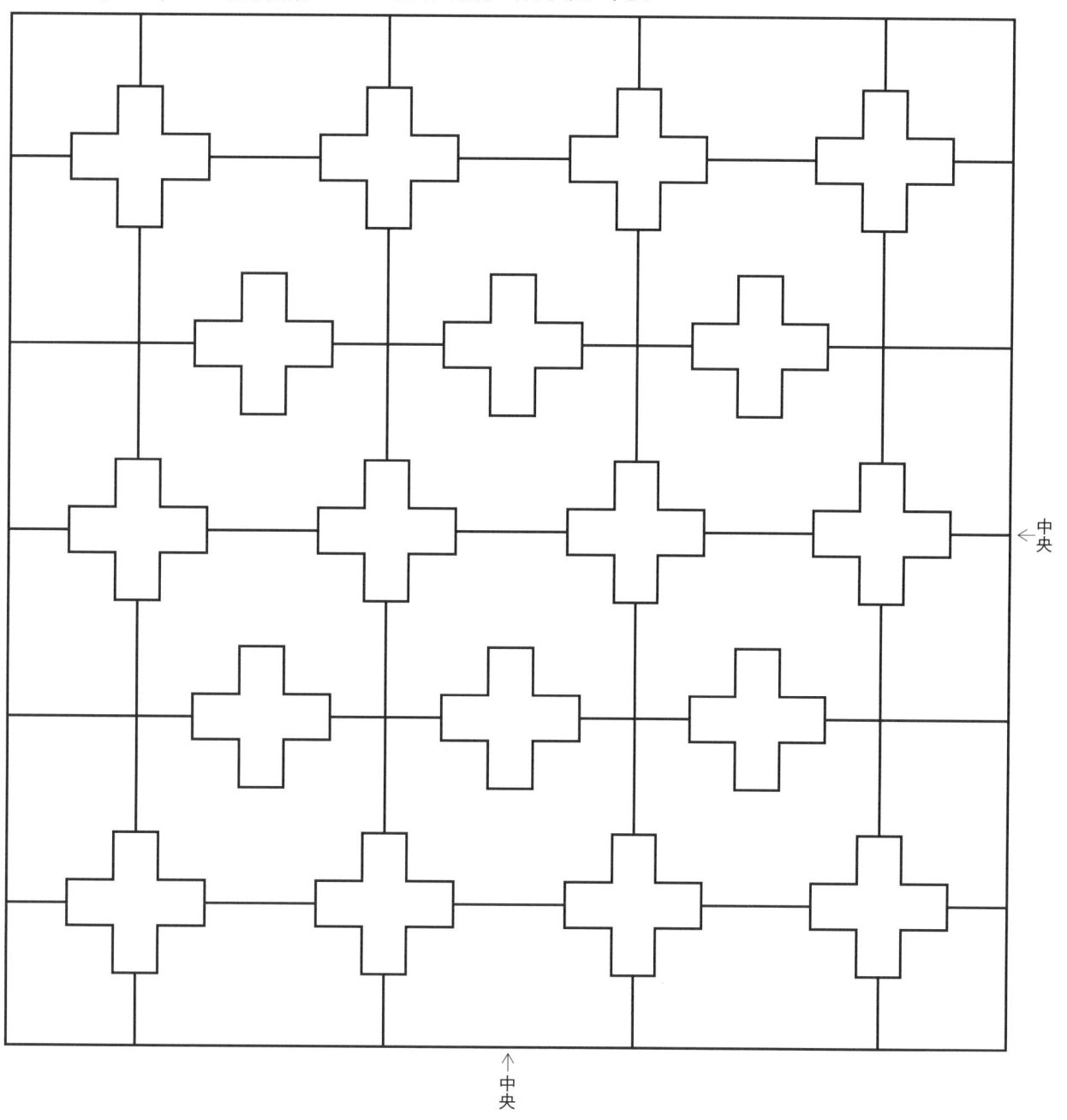

←中央

↑中央

←中央

↑中央

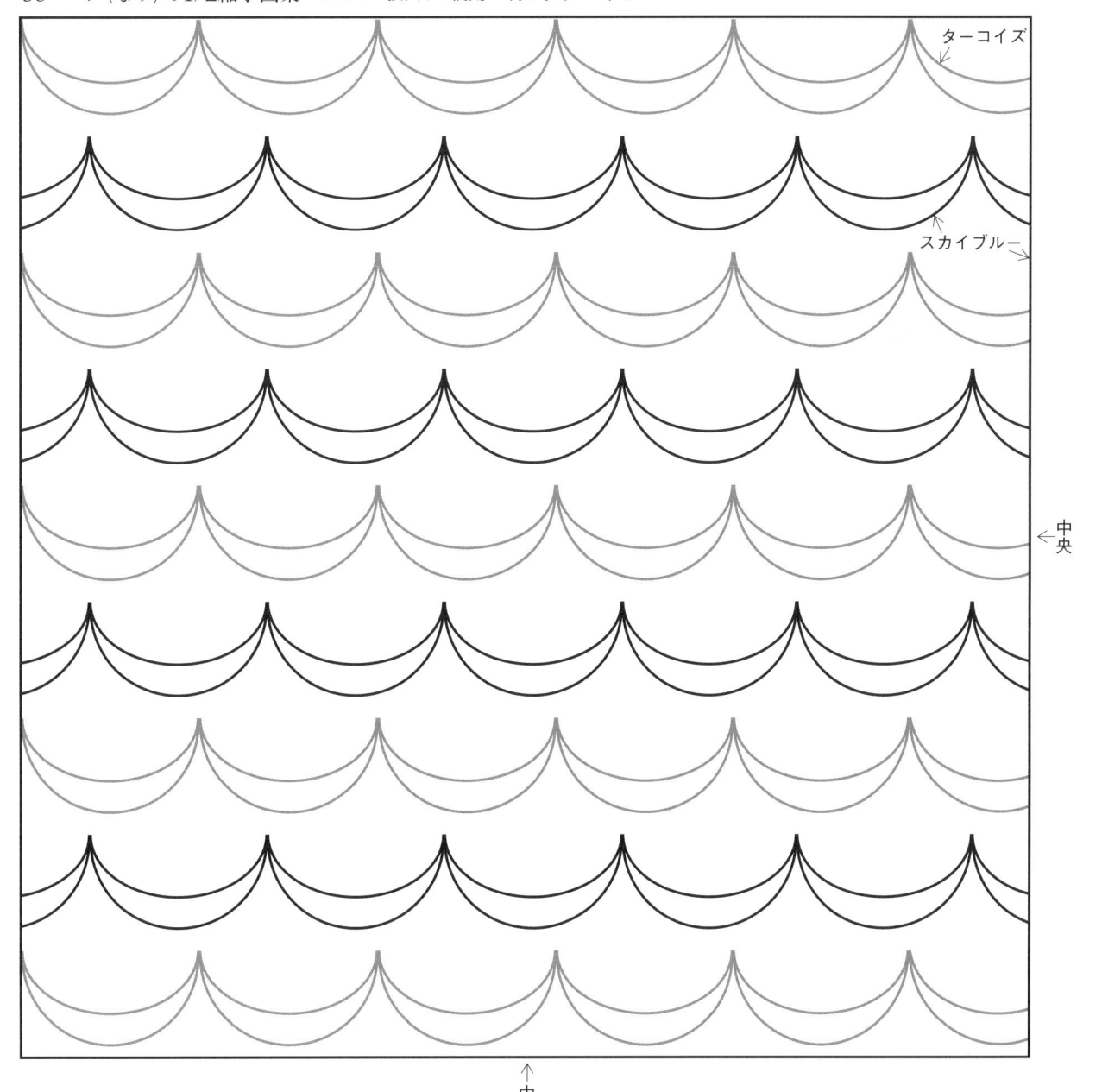

ターコイズ

スカイブルー

←中央

↑
中央

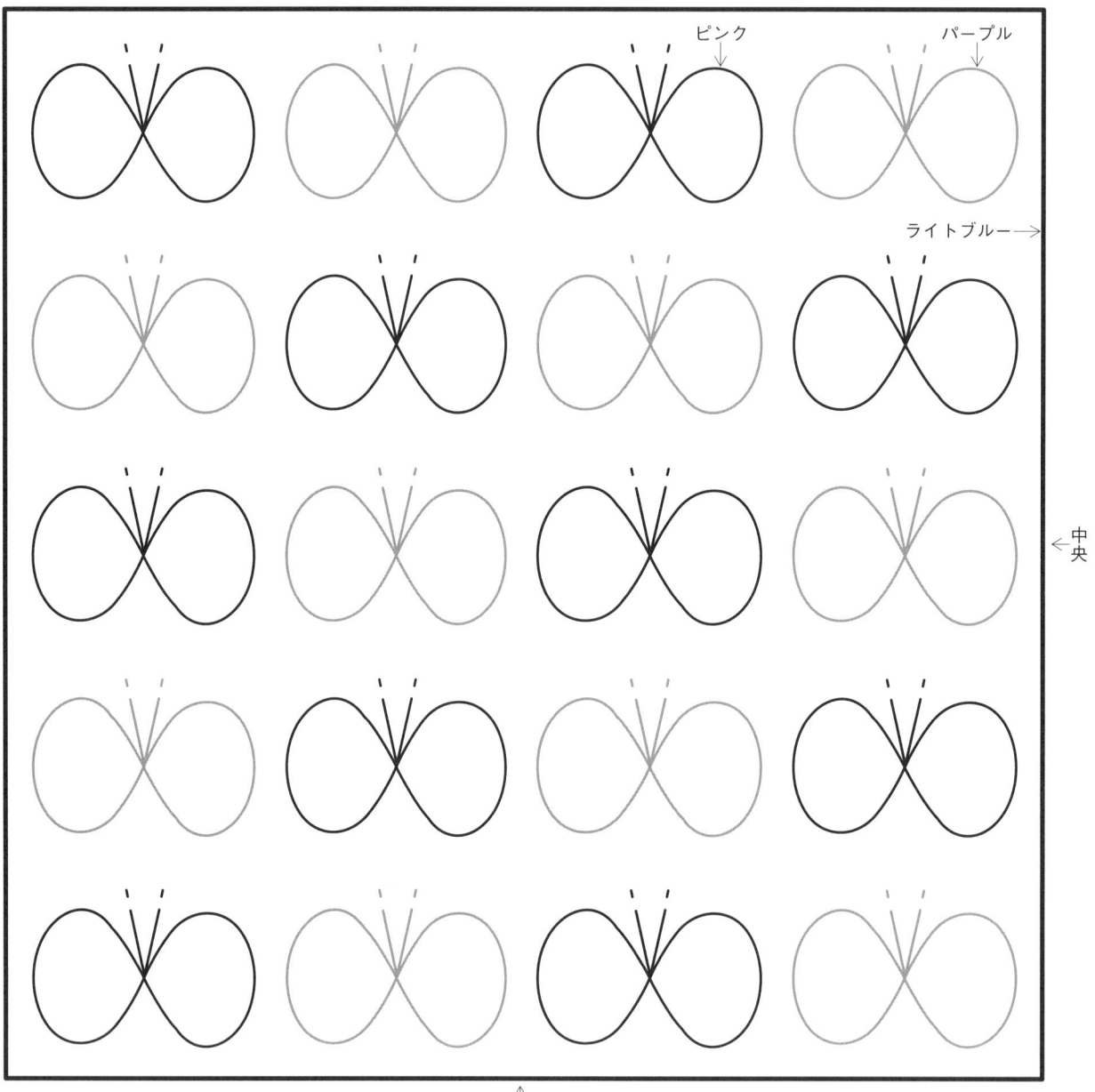

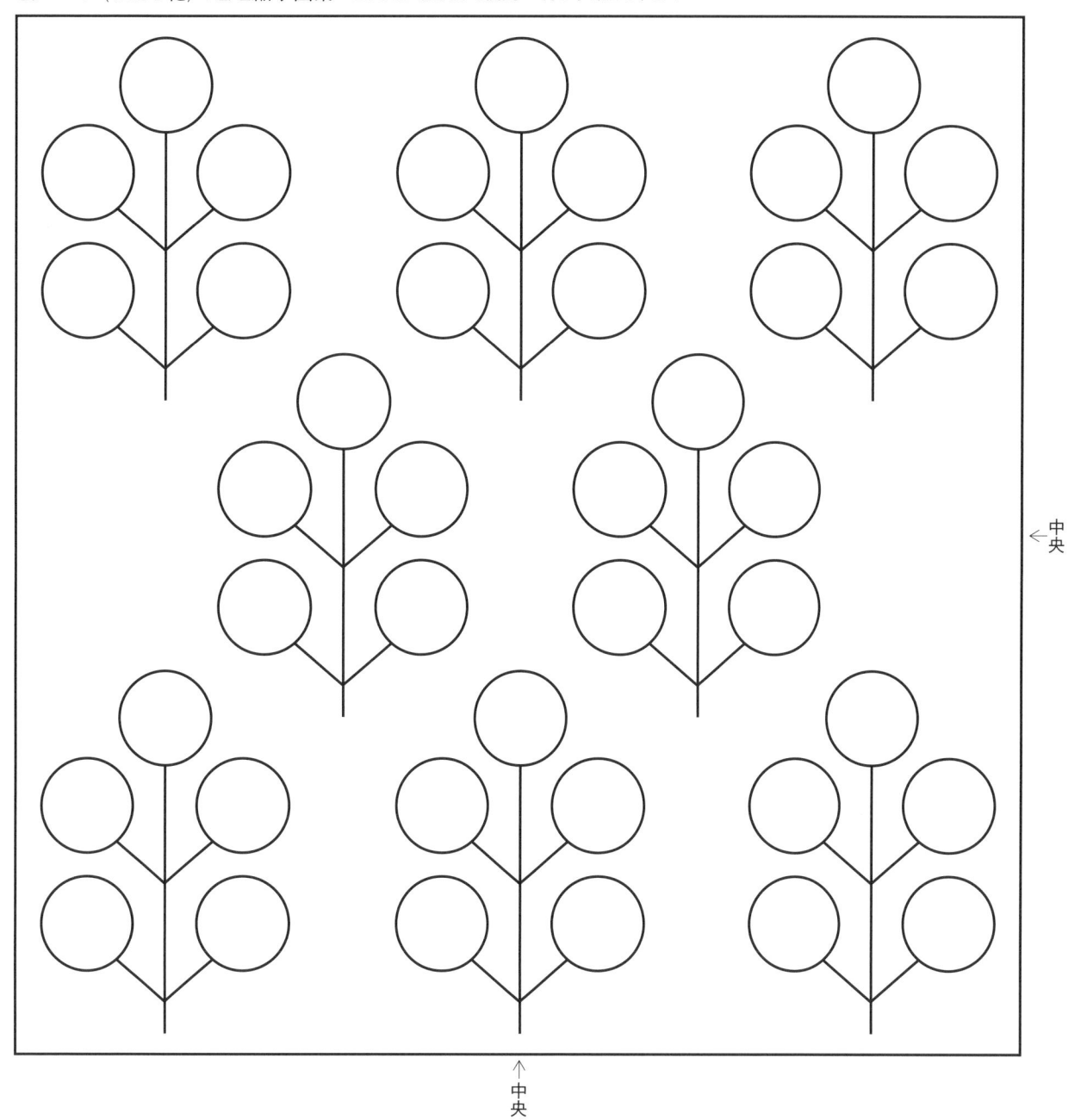

←中央

↑
中央

中央

中央

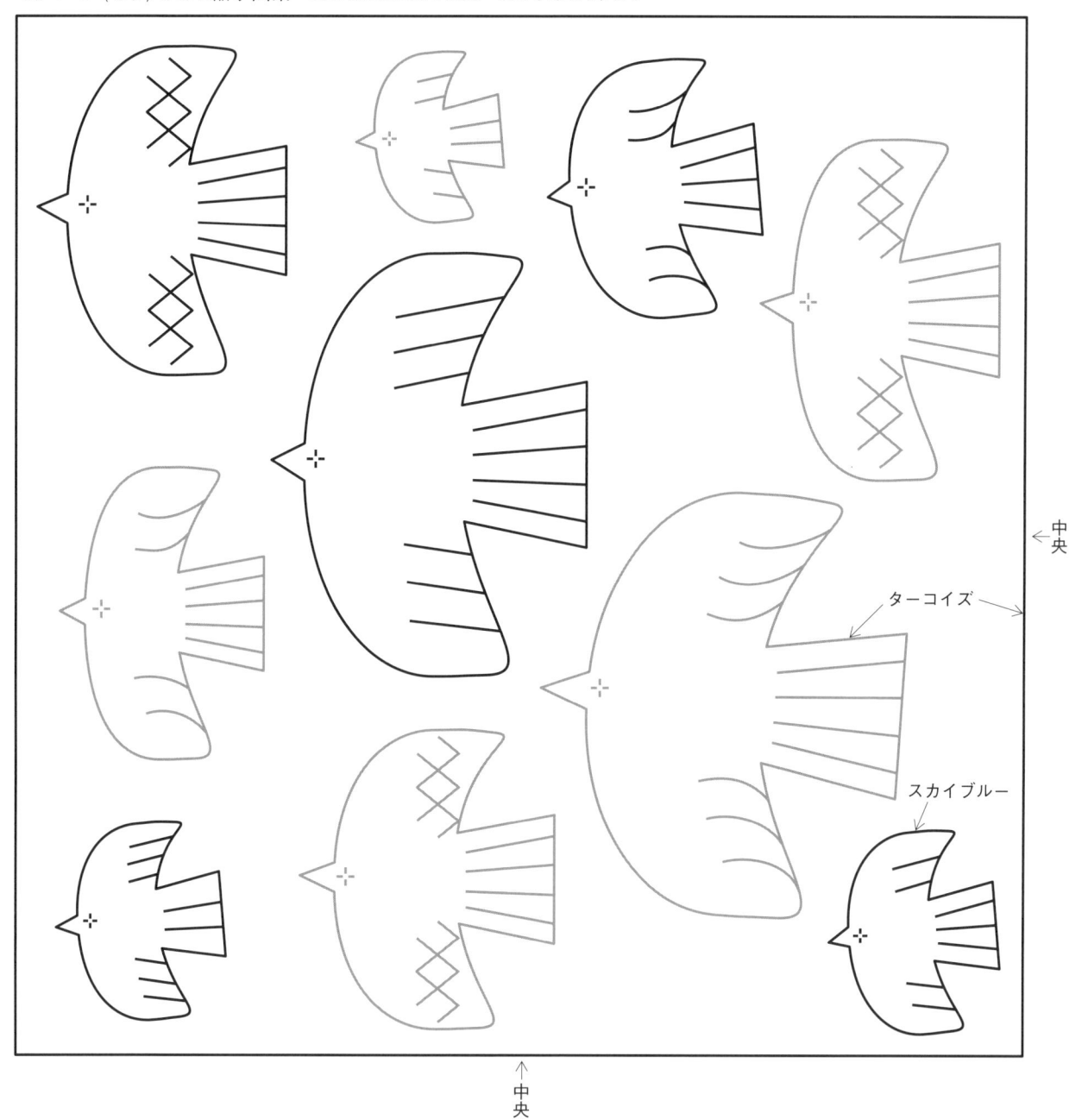

ターコイズ

スカイブルー

←中央

↑中央

←中央

↑
中央

黄

中央

スカイブルー

中央

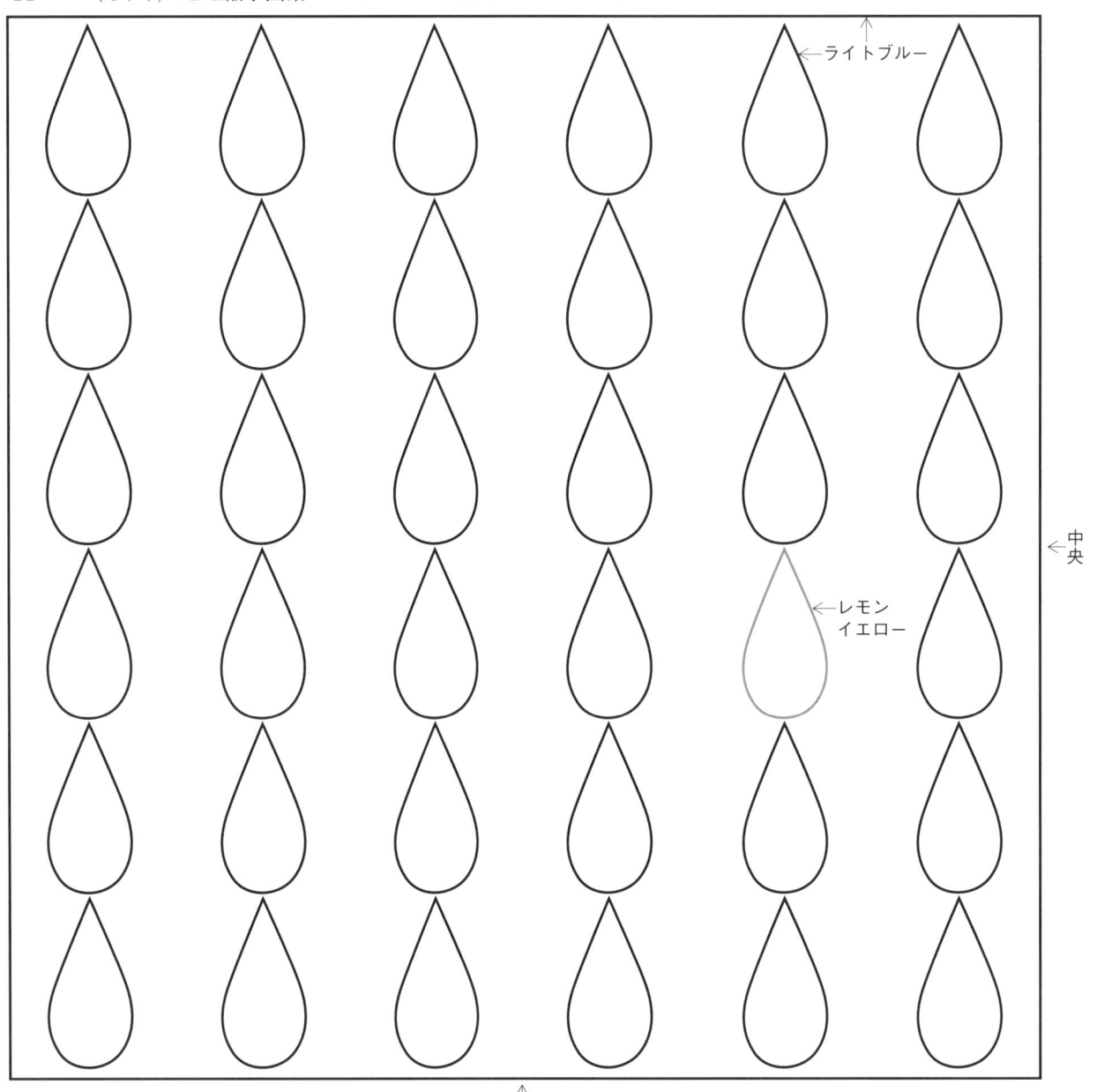

←ライトブルー

←中央

←レモン
イエロー

↑
中央

←中央

↑
中
央

←中央

↑中央

←中央

↑
中央

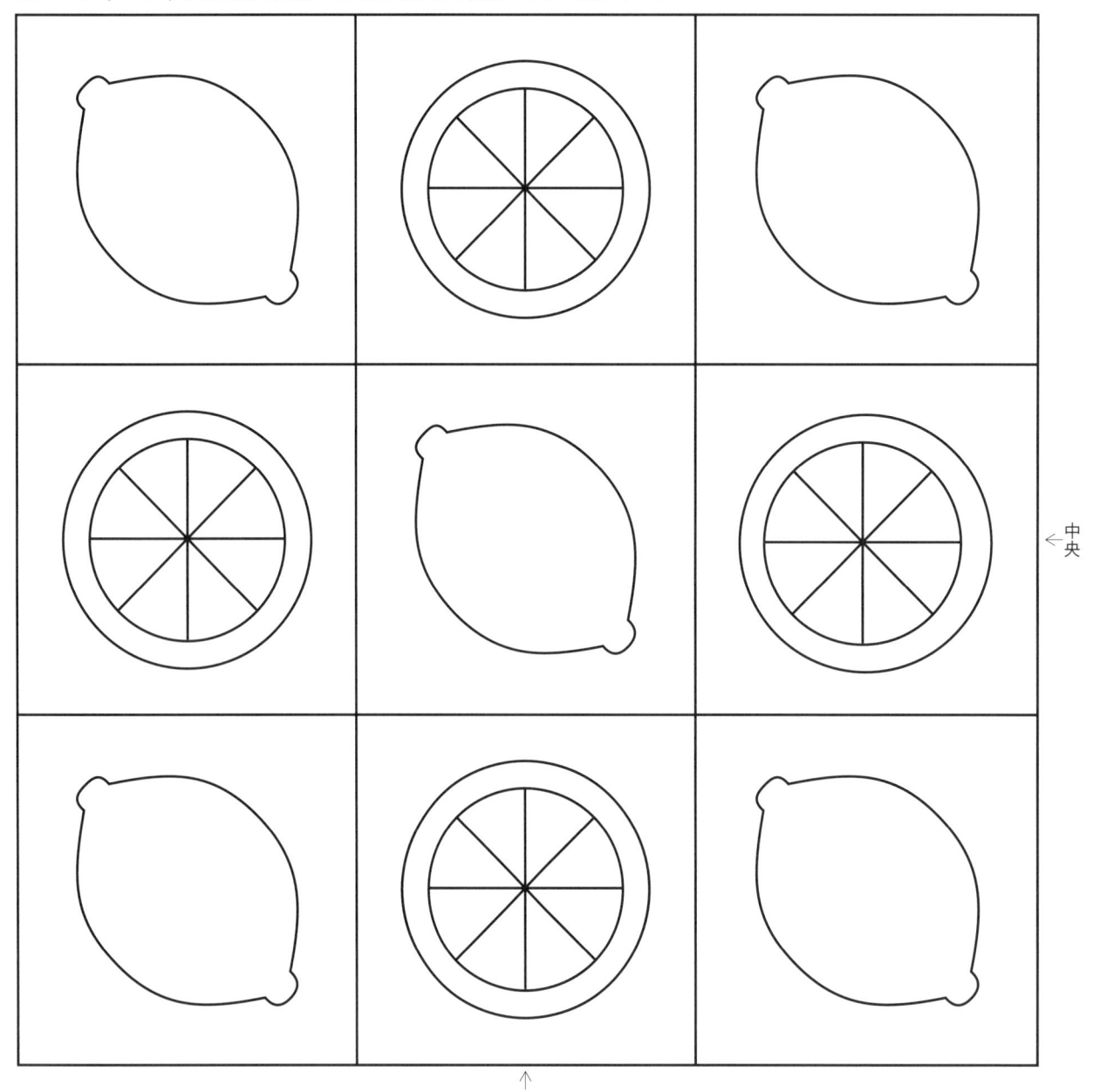

← 中央

↑
中央

49ページ〈りんご〉の1/2縮小図案　・200%に拡大して使用　・刺し子糸は1本どり

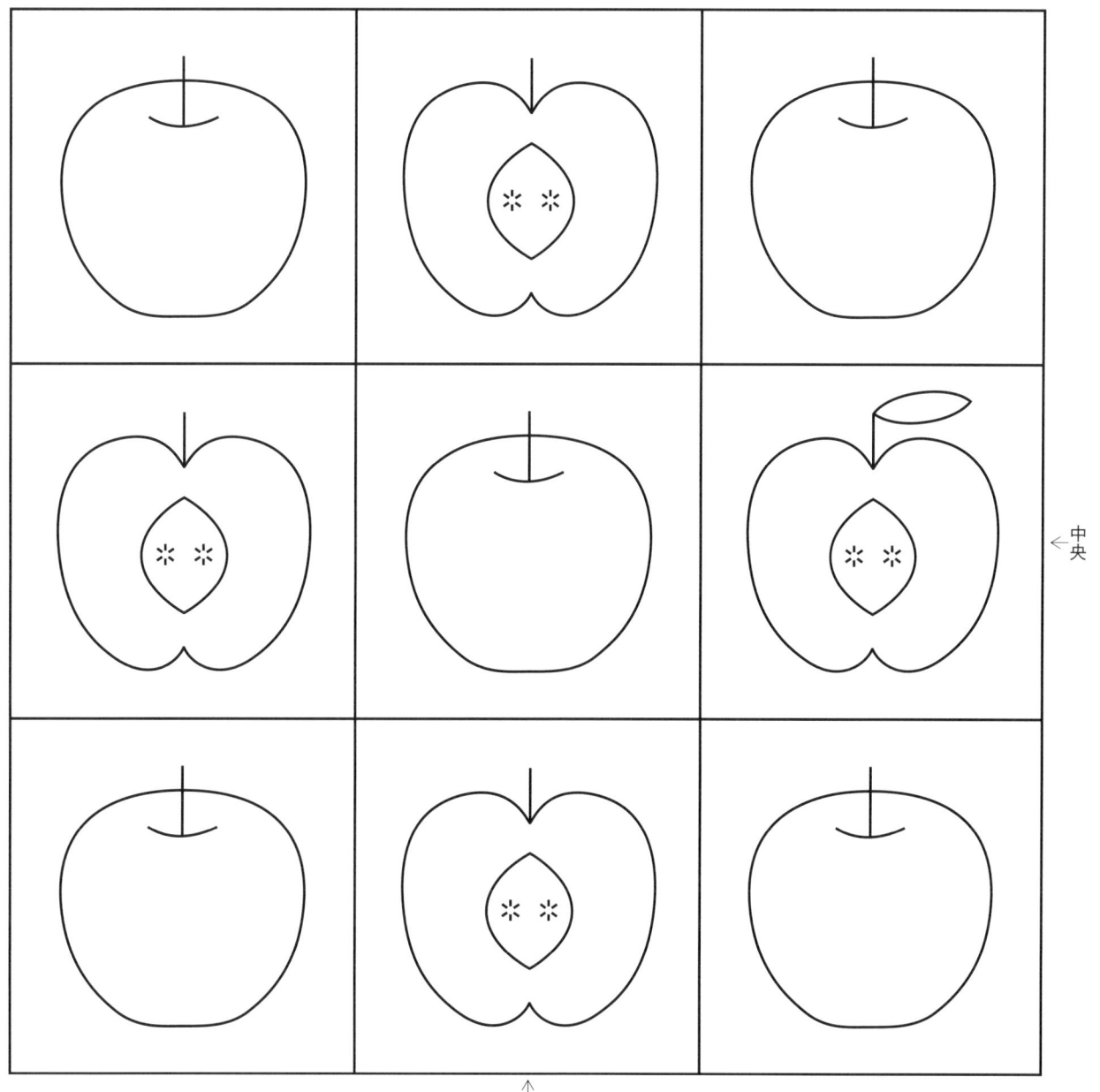

←中央

↑
中央

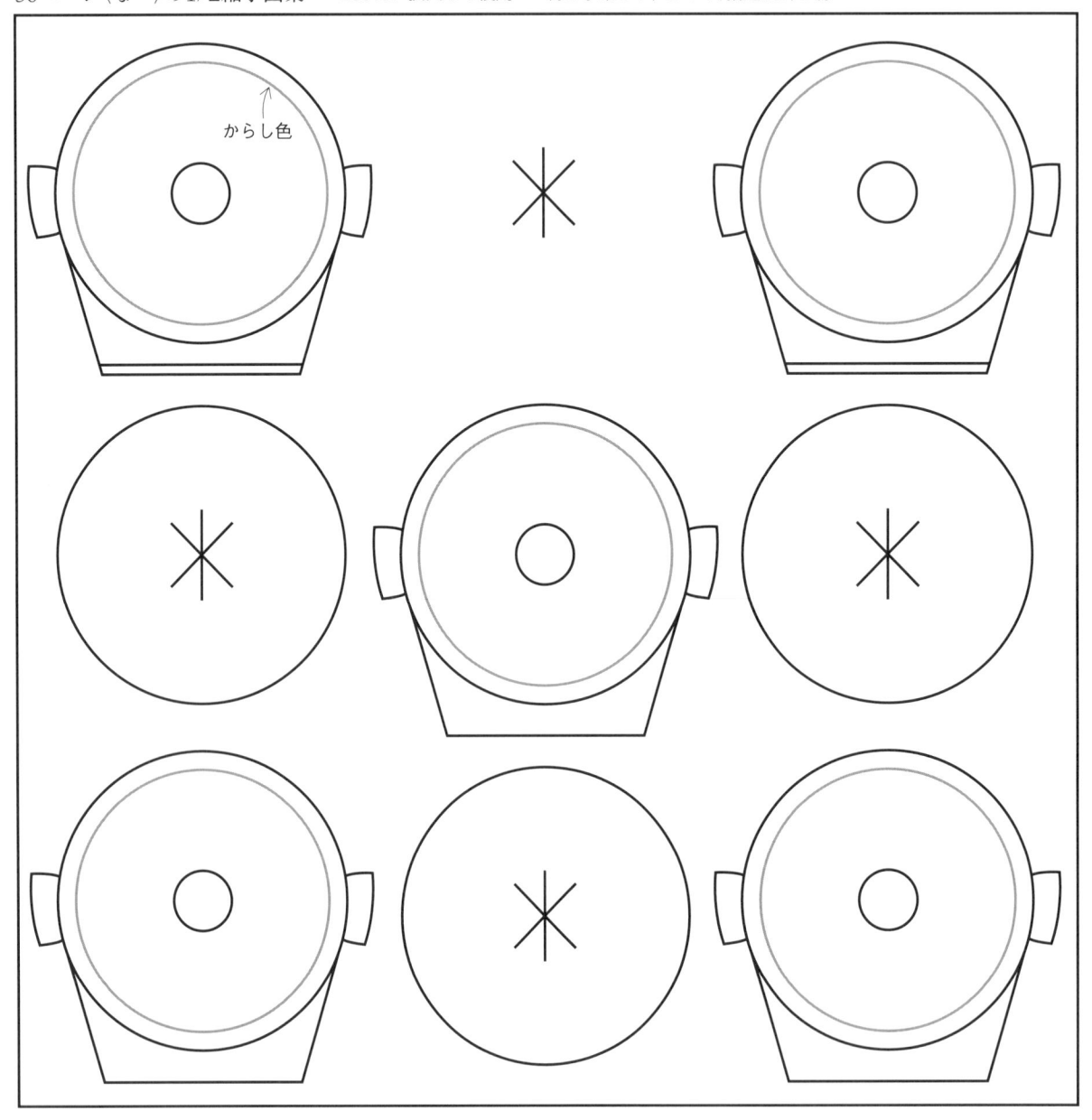

黒

刺し子のふきん

❀決定版❀

編集人　石田由美

発行人　殿塚郁夫

発行所　株式会社 主婦と生活社
　　　　〒 104-8357 東京都中央区京橋 3-5-7
　　　　https://www.shufu.co.jp/
　　　　編集部　☎ 03-3563-5361　FAX03-3563-0528
　　　　販売部　☎ 03-3563-5121
　　　　生産部　☎ 03-3563-5125

製版所　東京カラーフォト・プロセス株式会社

印刷所　TOPPAN クロレ株式会社

製本所　株式会社若林製本工場

ISBN978-4-391-16465-7

作品監修・製作❀吉田久美子

製作協力❀池上トモ　石井礼子　石突七恵　生越廣子　鎌田京子
　　　　　小林せきよ　近藤胡子　陶 久子　関戸裕美　髙林美千代
　　　　　中﨑ちよ子　日吉房枝　平野久代　元吉多見　吉村冨美子

イラストデザイン❀さくらいあかね（36 〜 49 ページ）
　　　　　　　　　川名晶子（50・51 ページ）

ブックデザイン❀後藤美奈子

撮影❀中村あかね

プロセス撮影❀岡 利恵子（本社写真編集室）

スタイリング❀雨宮ゆか　小林夕里子

トレース❀安藤デザイン

校閲❀滄流社

編集❀小柳良子

この本の作品は、オリムパス製絲株式会社の
刺し子糸・さらしもめん・刺し子もめんを使用しています。
材料についてのお問い合わせは下記へお願いします。

オリムパス製絲株式会社

本社

〒 461-0018 愛知県名古屋市東区主税町 4-92

☎ 052-931-6679

東京支店

〒 111-0053 東京都台東区浅草橋 2-5-5
長島エレガンス第Ⅲビル 2 階

☎ 03-3862-0481

https://olympus-thread.com